DIE IRRFAHRT DER

EXODUS

Ruth Gruber

DIE IRRFAHRT DER
EXODUS

Eine Augenzeugin berichtet

Aus dem Amerikanischen
von Natascha Afanassjew

Mit 76 Abbildungen

Pendo Zürich München

Die Originalausgabe war erstmals 1948
unter dem Titel »Destination Palestine«
bei Current Books, Inc. erschienen.
Als erweiterte Neuausgabe erschien sie
1999 unter dem Titel »Exodus 1947.
The ship that launched a nation« bei
Times Books/Random House, New York.

Alle Fotografien stammen von der Autorin.

Copyright © 1948, 1999 by Ruth Gruber
Deutsche Ausgabe:
Copyright © Pendo Verlag GmbH
Zürich 2002
Umschlaggestaltung: Charlotte Löbner
unter Verwendung von Fotografien
von Ruth Gruber
Gesetzt aus der Aldus
Layout und Satz: Petra Wagner, Hamburg
Druck und Bindung: Bercker, Graphische
Betriebe, Kevelaer
Printed in Germany
ISBN 3-85842-434-x

Für die Menschen der *Exodus 1947*,
die jene Reise nach Israel unternahmen,
und für die Männer und Frauen der Hagana
sowie die amerikanische Crew, die sie dorthin brachten.

Inhalt

Vorwort
von Bartley C. Crum 9

Die DP-Lager in Europa 15

Haifa 59

Zypern 121

Port-de-Bouc 151

Hamburg 205

Epilog 211

Nachwort 213

Danksagung 215

Bildverzeichnis 219

Vorwort

Wie schon in der Zeit Addisons und Swifts, beginnt der Journalismus auch heute wieder Gestalt anzunehmen. Er tritt erneut in die Rolle eines Vermittlers, der sowohl einen unmittelbaren Eindruck hervorruft als auch dauerhafte Wirkung entfaltet. Fähige Journalisten und Journalistinnen können über das, was sie mit dem Herzen oder über den Verstand wahrgenommen haben, ebenso gut berichten wie über Dinge, die sie mit eigenen Augen gesehen haben. So schenken sie uns manchmal Literatur und Journalismus in einem. In diesem Sinn reicht Ruth Grubers ausnehmend wichtiges Buch beinah an John Herseys *Hiroshima* heran. Man kann hier ohne weiteres von einem Klassiker sprechen, denn es erzählt die unsterbliche Geschichte von einem entscheidenden Moment in unserer schicksalsschweren Zeit.

Ich traf Ruth Gruber zum ersten Mal 1946. Das *Anglo-American Committee of Inquiry on Palestine* tagte gerade in London und erfuhr dort fast dasselbe, was wir schon in New York gehört hatten. Ruth war Auslandskorrespondentin der *New York Post*, und Ted Thackrey hatte ihr den Auftrag erteilt, unsere Fahrt zu begleiten. Ohne Übertreibung kann man sagen, daß diese Geschichte hauptsächlich dank der *New York Post* eine so große Aufmerksamkeit erlangte. Dadurch wurde schließlich auch der Weg dafür bereitet, daß die dahinterstehende Problematik auf mehr Verständnis stieß.

Wir besuchten die Lager für »Displaced Persons« in Europa. Danach sahen wir beide zum ersten Mal das Land Israel und die

Wunder, die seine Menschen dort vollbracht haben. Miss Gruber wurde dank ihrer Persönlichkeit und Wärme an all diesen Orten, an denen sie doch zum ersten Mal war, sofort wie eine gute Freundin willkommen geheißen.

Miss Gruber hat schon in den entlegensten Gegenden der Welt gelebt. Sie kennt viele Menschen – und wird von ihnen geliebt. Als Korrespondentin der *New York Herald Tribune* lebte und arbeitete sie in der sowjetischen Arktis. Sie reiste an Bord jenes russischen Frachters, der die Seeroute nach Murmansk öffnete. Als Mitarbeiterin für spezielle Aufgaben des kämpferischen, ehrlichen und fortschrittlichen Innenministers Harold L. Ickes verbrachte sie etwa zwei Jahre in Alaska. Dort fuhr sie gegen Ende des Kriegs als erste Frau den neuen Alaska Highway hinunter. Im Jahr 1944 ging sie als Vertreterin der Regierung der Vereinigten Staaten in das kriegsgeschüttelte und erschöpfte Italien, um 1.000 Flüchtlinge, die Präsident Roosevelt nach Oswego im US-Bundesstaat New York eingeladen hatte, zu begleiten. 18 Monate lang arbeitete sie mit diesen Menschen und half ihnen ebenso einfühlsam wie willensstark, Bürger Amerikas zu werden.

Nach meiner Einschätzung war Miss Grubers reicher Erfahrungsschatz für das Komitee sehr wertvoll. Einigen Mitgliedern der Hagana, der Irgun Zvai Leumi und der Stern-Gruppe ermöglichte sie ein informelles Treffen mit Mitgliedern unseres Komitees.

Sie stellte auch den Kontakt zu intellektuellen Moslems her, die sich – innerhalb ihrer Grenzen durchaus leidenschaftlich – der Politik der reaktionären arabischen Anführer widersetzten.

Sie kämpfte gegen die britische Bürokratie, und es wäre ihr beinahe gelungen, als erste nichtmoslemische Frau die heilige Stadt Mekka zu besuchen – mit dem offiziellen Einverständnis der Regierung von Saudi-Arabien. Allerdings schritt der allgegenwärtige Harold Beely vom britischen Außenministerium ein und verwehrte ihr die Einreise nach Saudi-Arabien, und das, obwohl ihr die Araber nicht nur ein Visum erteilt, sondern sie sogar förmlich zu einem Aufenthalt in der Hauptstadt eingeladen hatten.

Während all dieser Monate, die wir gemeinsam durch Deutschland, Österreich, Palästina und den Mittleren Osten reisten, lernte ich Ruth Grubers menschliche Integrität und ihre Kompetenz als Journalistin schätze. Ich empfand es als großes Glück, daß die *New York Herald Tribune* sie im Sommer 1947 mit dem *United Nations Special Committee* (UNSCOP) erneut nach Europa und in den Mittleren Osten entsandte. Dies war die Stunde, in der sich Juden mit der Kraft der Verzweiflung gegen britische Unerbittlichkeit widersetzten, was zu jenem Zusammenstoß führte, der als das Drama der *Exodus 1947* für immer unvergeßlich bleiben wird.

Die Geschichte der *Exodus*, die Ruth Gruber in ihrem Buch erzählt, markierte einen Wendepunkt in der Weltgeschichte. Das Geschehene enthüllte in aller Deutlichkeit die anti-jüdische und pro-arabische Politik des britischen Außenministers Ernest Bevin. Gleichzeitig konnten sich die Juden als ein Volk präsentieren, das zu neuem Mut und größter Entschlossenheit gefunden hatte, wie es die Welt nur selten zuvor gesehen hatte. Die Öfen von Auschwitz erwiesen sich im Nachhinein als die Schmiede einer Nation.

Nun wurden die Geschehnisse dieser Jahre niedergeschrieben, und die Menschen, die sie lesen, werden die *Exodus 1947* auf die gleiche Weise bewerten wie die Tea Party im Bostoner Hafen. Es war in der Tat eine Stunde großen Muts. Ein Volk, dem oft großes Unrecht geschehen und das immer wieder verraten worden war, hatte beschlossen, sich vom Joch der Unterdrücker zu befreien. Und so geschah es, daß in jenen Stunden, als die britischen »Sklavenschiffe« in der brütenden Hitze vor Port-de-Bouc vor Anker lagen, tatsächlich eine neue Nation geboren wurde; und so geschah es, daß Mr. Bevin zu einem zwar unfreiwilligen, aber um so tatkräftigeren Geburtshelfer dieser Nation wurde.

Kein anderes Ereignis im Jahr 1947 war von so herausragender Bedeutung wie die Odyssee der *Exodus*. Sie ermöglichte nicht weniger als die Entscheidung der Vereinten Nationen, in Palästina einen demokratischen, einen jüdischen Staat auszurufen. Ruth Grubers Augenzeugenberichte in der *Herald Tribune* und ihre grauenerregenden Fotos im Magazin *Life* sowie in Zeitungen auf der ganzen Welt trugen dazu bei, daß sich das Weltgewissen regte.

In einer ganz speziellen Weise bedeutet gerade uns in Amerika der Triumph der *Exodus* sehr viel. Das Ausflugsschiff, das jene schicksalhafte Reise unternahm, war mit amerikanischen Dollar gekauft worden. Amerikaner steuerten es und teilten mit den Flüchtlingen die Gefahren an Bord. Einer von ihnen, Bill Bernstein, ließ für die Sache der Juden sein Leben, nicht weil er ein Jude war, sondern weil er an die Freiheit für alle Menschen glaubte. Es hat immer Amerikaner gegeben, die erkannt haben, daß Freiheit unteilbar ist. Sie wissen, daß man die Freiheit immer und überall da unterstützen muß, wo sich die Möglichkeit zu solch einem gerechten Kampf bietet. Wir alle sollten heute wegen dieser Menschen auf der *Exodus* mit Stolz ein wenig aufrechter gehen.

Israel ist Wirklichkeit geworden. Israel und die Welt hatten das Glück, daß Ruth Gruber da war, als jenes historische Schiff schwer beschädigt in den Hafen von Haifa einfuhr. Miss Gruber hat die Qualen und den Triumph jenes Exodus in bewegender Prosa festgehalten.

Bartley C. Crum
Mitglied des *Anglo-American Committee
of Inquiry on Palestine*
1948

Exodus 1947

Die DP-Lager in Europa

Der Zweite Weltkrieg ging seinem Ende entgegen. Die Befreiungsarmeen stürmten Auschwitz und andere Vernichtungslager. Beim Anblick der umherwandelnden Skelette und der wie Holzscheite aufgestapelten Leichen mußten sich einige der Soldaten übergeben, andere wurden ohnmächtig. In der Welt außerhalb der Lager meinten viele, die Überlebenden würden jetzt durch die Tore eilen, die Luft der Freiheit atmen und fortan glücklich und zufrieden weiterleben. Doch die Wahrheit sah völlig anders aus.

Diejenigen, die noch laufen konnten oder geheilt wurden, versuchten, in ihre Heimat zurückzukehren. Aber die Geister ihrer toten Familien verfolgten sie. Wenn sie zu Hause an ihre Türen klopften, wurden sie von Nachbarn oder Fremden angestarrt: Was? Ihr seid noch am Leben? Warum haben sie aus *euch* kein Stück Seife gemacht? Im polnischen Kielce wurden 1946 in einem Pogrom 42 heimgekehrte Juden ermordet.

Das dunkelste Kapitel der Geschichte war noch nicht abgeschlossen.

Sie wußten, daß sie in ihren Städten, Dörfern und Schtetln nicht mehr leben konnten. Also gingen sie nach Westen – nach Deutschland, in das Land des Todes, denn hier waren die Amerikaner, und die würden ihnen helfen, nach Palästina* zu gelangen.

---

* Da Palästina der Name jenes Lands war, das heute Israel heißt, werde ich diese Bezeichnung im gesamten Buch beibehalten.

Jene Menschen waren »DPs« (Displaced Persons) – eine neue Kategorie für Staatenlose, die auf der Flucht waren. Man brachte sie in Lagern unter, die von der *United Nations Relief and Rehabilitation Administration* (UNRRA) verwaltet wurden. Sie erhielten Unterstützung vom *American Jewish Joint Distribution Committee* (abgekürzt JDC und allgemein als das »Joint« bekannt) und wurden von der US-Armee bewacht. Einige dieser Lager waren Truppenlager der Nationalsozialisten gewesen, Pferdeställe, ja sogar Vernichtungslager. Hier nun wurden die DPs zusammengepfercht, 18 bis 20 Menschen mußten sich einen Raum ohne jede Privatsphäre teilen. Sie schliefen zu viert oder zu fünft auf jenen zusammengezimmerten Stockbettpritschen, auf denen Millionen gestorben waren. Diese Lager waren vorübergehende Zufluchtstätten der Verzweiflung und der Hoffnung.

Zwischen dem Kriegsende im Mai 1945 und der Geburtsstunde Israels im Mai 1948 gelang es fast 70.000 Überlebenden des Holocaust, aus den DP-Lagern zu entkommen. Im Schutz der Nacht überquerten sie Grenzen, zogen durch Wälder und über die Alpen, bis sie schließlich geheime Häfen in Südfrankreich und Süditalien erreichten. Hier kletterten sie an Bord bunt zusammengewürfelter Schiffe – einer Flotte aus veralteten Kriegsschiffen, Kuttern der US-Küstenwache, lecken Fischerbooten, Frachtschiffen, Eisbrechern, Bananenfrachtern, einer Präsidentenjacht mit dem Namen *Mayflower* und einem kleinen amerikanischen Dampfer, den sie *Exodus 1947* tauften. Sie waren entschlossen, das geheiligte Land zu erreichen, das sie Eretz Israel nannten – das Land Israel.

Ich war bereits 1944 mit dem Schicksal europäischer Flüchtlinge in Berührung gekommen, als ich als Sonderbeauftragte von Harold L. Ickes, dem US-Innenminister, in geheimer Mission in das kriegsgeschüttelte Italien geschickt wurde. Ich sollte 1.000 Flüchtlinge aus 18 Ländern, die Hitlers Armeen überfallen hatten, nach Amerika bringen.

»Sie werden zum General ernannt«, erklärte mir Ickes. »Aber nur zum Schein.«

»Ich? Ein General?«

»Nun, Sie fliegen mit einem Militärflugzeug. Wenn Sie abgeschossen werden und den Nazis als Zivilistin in die Hände fallen, könnten die Sie als Spionin liquidieren. Haben Sie jedoch den Generalsrang, müssen sie Ihnen nach der Genfer Konvention Schutz und Essen gewähren und Sie am Leben lassen.«

Ich flog in einem Flugzeug der US-Luftwaffe nach Europa – mit echten Generälen, die nur zu gern erfahren hätten, was ich in ihrem Flugzeug verloren hatte. Ich erklärte ihnen, daß ich darüber nicht sprechen dürfe. Meine Mission unterlag höchster Geheimhaltung.

Im April 1944 hatte Adolf Eichmann mit der Deportation ungarischer Juden nach Auschwitz begonnen. Inzwischen war Juli, und er hatte bereits 550.000 in den Tod geschickt – während wir 1.000 Flüchtlingen ein neues Leben ermöglichten: in Oswego im US-Bundesstaat New York. Wir fuhren mit einem Transportschiff der US-Armee, der *Henry Gibbins*, auf der auch verwundete amerikanische Soldaten befördert wurden. Von deutschen Flugzeugen und U-Booten gejagt, reisten wir im Schutz eines Konvois aus 29 Schiffen, darunter 16 Kriegsschiffe.

Bei Tag und bei Nacht gingen die Flüchtlinge an Deck der *Henry Gibbins* auf und ab und erzählten mir dabei ihre Geschichten, Geschichten von Mut und von Terror, von Verstecken in Tunneln, in Abwasserkanälen und Wäldern, davon, wie sie ihr Leben riskiert hatten, um andere zu retten. Nicht selten verwischten Tränen die Worte in meinem Notizbuch. Diese Verbindung zu den Flüchtlingen sollte mein weiteres Leben bestimmen. Ich wußte, ich würde mich dem Schicksal solcher Menschen, ihrer Rettung und ihrem Überleben fortan nicht mehr entziehen können.

Ende 1945, als der Krieg schließlich vorüber war, erfuhr der amerikanische Präsident Harry S. Truman von den schrecklichen Zuständen in den europäischen Lagern für Staatenlose. Er bat den britischen Außenminister Ernest Bevin, die Tore Palästinas für 100.000 staatenlose Juden zu öffnen. Da Großbritannien vom Krieg stark mitgenommen war und die Hilfe der USA benötigte, konnte Bevin dem Präsidenten die Bitte nicht abschlagen. Doch regte er die Bildung eines Komitees an, des sogenannten *Anglo-American Committee of Inquiry on Palestine* (anglo-amerikanisches Komitee zur

Untersuchung der Palästinafrage). Dies war bereits das 18. Komitee, das die Probleme Palästinas untersuchen sollte. Seine Mitglieder waren sechs von Truman ausgewählte Amerikaner und sechs von Bevin ernannte Briten: Richter, Rechtsanwälte, Historiker und Redakteure. Bevin versprach Truman, daß Großbritannien das Gutachten des Komitees akzeptieren würde – falls dieses einstimmig ausfiele.

Anfang Januar klingelte das Telefon in meinem Büro. Ted Thackrey war am Apparat, der Chefredakteur der *New York Post* und Ehemann von Dorothy Schiff, der die Zeitung gehörte.

»Ruth, ich möchte, daß du das Komitee als unsere Auslandskorrespondentin begleitest. Kannst du dir das vorstellen?«

Ich bekam Herzklopfen bei dem Gedanken, daß ich möglicherweise etwas für die Überlebenden des Holocaust tun könnte. »Natürlich, Ted, aber ich muß zuerst mit Ickes sprechen.«

»Ruf mich zurück«, sagte er, »sobald du Bescheid weißt.«

Ich telefonierte mit Ickes' Sekretärin und erklärte ihr, daß es dringend sei. Sie rief mich zurück und sagte: »Der Innenminister möchte Sie sofort sprechen.«

Ickes blickte kurz auf, als ich wenig später über den großen blauen Teppich seines Büros schritt. Er bedeutete mir, an der rechten Seite seines Schreibtischs Platz zu nehmen. Wie ich später erfuhr, war er auf dem linken Ohr taub.

Ich erzählte ihm von Ted Thackreys Angebot.

»Ich habe von dem Komitee gehört«, sagte er, »aber ich brauche Sie hier.«

»Herr Minister«, erwiderte ich, »ich bleibe, solange Sie mich brauchen.«

Thackrey blieb aber hartnäckig. »Sie sind genau die Richtige für diese Aufgabe. Sie kennen Washington, und die amerikanischen Mitglieder des Komitees brauchen dringend Ihre Hilfe, denn Sie kennen die Probleme der Flüchtlinge. So schnell gebe ich nicht auf.«

Am 21. Januar 1946 ließ mich Ickes erneut zu sich kommen und drückte mir einen Brief in die Hand. Er war von Thackrey, und ich merkte, wie mein Gesicht beim Lesen rot anlief, denn in dem

Schreiben wurde Ickes auseinandergesetzt, warum dieser mich von meiner Arbeit freistellen solle. Ickes schaute mich an: »Was möchten Sie? Was soll ich tun?«

»Sie wissen, Herr Minister, ich bleibe, solange Sie mich brauchen. Aber hier geht es darum, überlebenden Juden zu helfen, die immer noch leiden müssen.«

»Thackrey hat recht. Und ich habe mich geirrt: Sie müssen gehen. Sie sind genau die Richtige für diese Aufgabe. Ich werde Ihnen bei Ruth Shipley in der Paßabteilung und im Kriegsministerium helfen. Lassen Sie mir einfach Ihre Rücktrittserklärung hier. Sollte ich zurücktreten, werde ich auch Ihren Rücktritt annehmen.«

Er streckte mir seine Hand entgegen. »Alles Gute. Ich glaube, Ihre Erfahrung mit den Oswego-Flüchtlingen ist die denkbar beste Vorbereitung für Ihre neue Aufgabe. Immerhin haben Sie diese Menschen nicht nur bei der Flucht über den Atlantik unterstützt, sondern Sie haben ihnen auch geholfen, daß sie Ängste und Mißtrauen abbauen und sich in Amerika einleben konnten.«

Dank der Hilfe von Ickes und Thackrey erhielt ich schnell meine Befehle und meine Papiere als Auslandskorrespondentin. Ich nahm den Zug nach Brooklyn, um meinen Eltern die Neuigkeit mitzuteilen.

Zwei Jahre zuvor, als Innenminister Ickes mich beauftragt hatte, die 1.000 Flüchtlinge nach Amerika zu bringen, hatte meine Mutter noch versucht, mich davon abzuhalten.

An einem Freitagnachmittag im Juli 1944 war sie in aller Eile von Brooklyn nach Washington gefahren. »Meine verrückte Tochter«, begrüßte sie mich. »Werde ich denn jemals wissen, wo du bist? Sibirien? Alaska? Warum mußt du überhaupt fahren?«

»Mom, das kann ich dir nicht sagen. Höchste Geheimhaltung. Aber vielleicht kann ich deine Verwandten in Polen und Rußland finden.«

Erst nach Kriegsende aber erfuhren wir von einem Verwandten meiner Mutter, der das Massaker überlebt hatte, daß ihre Tanten, Onkel und Cousinen aus ihren Häusern getrieben worden waren. Angeführt von einem deutschen Offizier auf einem weißen Pferd und geschlagen von deutschen und polnischen Soldaten, wurden die

Leute aus ihrem Schtetl Beremlya in der Provinz Wołyń gezwungen, zum Flußufer zu laufen und sich nackt auszuziehen. »Schießt!« befahl der Offizier, und Schüsse durchschnitten die Luft. Ihre von Kugeln durchsiebten Körper wurden in den Fluß geschaufelt.

Nun, im Januar 1946, da wieder Frieden herrschte, war meine Mutter ebenso freudig erregt wie ich, daß ich nach Europa gehen sollte. »Vielleicht«, sagte sie voll Hoffnung, »kannst du Irving in Deutschland treffen. Wir sind so stolz auf ihn.« Nur zu gern erzählte sie die Geschichte von meinem Bruder, einem Captain in der US-Armee, der in Bad Lippspringe ein kleines, von Nonnen geleitetes Hospital übernommen und daraus ein Armeekrankenhaus für Kriegsgefangene mit 200 Betten gemacht hatte.

Am nächsten Tag ging ich zur *New York Post*, wo Thackrey mich in die Arme schloß. »Ich mußte Ickes diesen Brief schreiben«, sagte er. »Denn ich bin überzeugt, daß wir Sie da drüben brauchen, und zwar als unsere Augenzeugin für all das, was mit diesen Überlebenden nun geschieht.«

Ich reiste also in einem Flugzeug der US-Luftwaffe nach London, wo man mir erklärte, ich solle mir sofort eine Uniform besorgen. In der Poststelle zog ich einen khakifarbenen Rock sowie Hemd, Krawatte, Eisenhower-Jacke und Regenmantel an, dazu schwere Armeeschuhe, Strümpfe und eine Uniformmütze mit dem Emblem *U.S. Kriegskorrespondent*. Diese Uniform war mein Ausweis. Ich benötigte keine Papiere, um in das Gebäude der Royal Empire Society zu gelangen, in dem die zwölf Mitglieder des anglo-amerikanischen Komitees an einem hufeisenförmigen Tisch saßen, um sie herum Journalisten aus nahezu allen Teilen der Welt. Mein Kollege Gerold Frank von der *Overseas News Agency* (ONA) und ich waren die einzigen Korrespondenten, die dem Komitee offiziell zugewiesen waren. Auf jeder Zwischenstation kamen aber noch weitere Journalisten hinzu.

Ich hörte die Reden der jüdischen Repräsentanten, die die Notwendigkeit eines jüdischen Staats hervorhoben, der die staatenlosen jüdischen Flüchtlinge aufnehmen würde, während die arabischen Vertreter davon sprachen, die Tore Palästinas für alle Einwanderer zu schließen. Angesichts des engen Zeitrahmens von 120 Tagen, der

In der Uniform einer Kriegskorrespondentin begleite ich das Anglo-American Committee of Inquiry on Palestine vier Monate durch Europa und den Mittleren Osten. Das Komitee hatte zu entscheiden, ob Großbritannien die Tore Palästinas für 100.000 DPs öffnen sollte.

für die Reise durch Europa und das Verfassen eines Berichts gesetzt war, beschloß das Komitee, sich in vier Unterausschüsse aufzuspalten: einer für Berlin, ein anderer für die britische, ein dritter für die französische und der vierte für die amerikanische Besatzungszone in Deutschland. Ich sollte mit Bartley C. Crum reisen, einem liberalen republikanischen Rechtsanwalt aus San Francisco. Ihn begleiteten zwei weitere Engländer: Richard Crossman, bekannter Journalist und Redakteur sowie Abgeordneter der Labour Partei im britischen Unterhaus, und Sir Frederick Leggett, ein Schlichter in Arbeitskämpfen. Sie sollten die Lager in Deutschland besuchen, in die Tschechoslowakei reisen und anschließend mit dem gesamten Komitee in Wien zusammentreffen.

Unmittelbar vor unserer Abreise aus London wurde Dick Crossman krank und mußte mehrere Wochen lang zurückbleiben. Da keine zivilen Flüge gingen, hatten wir Armeebefehle, die es uns erlaubten, mit Militärmaschinen zu reisen. Wir flogen zuerst nach Paris, dann nach Frankfurt – Hauptquartier der US-Armee in Deutschland. Dabei hatte ich Gelegenheit, Bartley Crum besser kennenzulernen, der ein ernsthafter, mutiger Mann war und wie ein Preisboxer für seine Überzeugungen kämpfen konnte. Er zog das Trinken dem Essen vor und sah so gut aus, daß sich die Deutschen wiederholt auf den Straßen nach ihm umdrehten. Er war fest entschlossen, eine Lösung für die Probleme der Juden zu finden. Auch Sir Frederick Leggett, schlank und von britischer Zurückhaltung, schien sehr bestrebt, die vor uns liegenden Probleme zu lösen.

In Frankfurt stieß Simon H. Rifkind zu uns, ein amerikanischer Bezirksrichter und Berater General Eisenhowers in jüdischen Angelegenheiten. Frankfurt, die Stadt Goethes, der Musik und Kultur, war ein einziges Trümmerfeld. Ich war schockiert, als ich die vielen abgedeckten Häuser und Schutthaufen sah. Unsere Flieger hatten in dieser einst so schönen Stadt kaum einen Stein auf dem anderen gelassen. Doch als ich sah, wie Frauen in eleganten Pelzmänteln die Straßen entlangstolzierten, fragte ich mich, ob man diese wohl jüdischen Frauen vom Leib gerissen hatte.

Die Armee sorgte in großem Stil für uns. Ich rief meinen Bruder Irving an, der mit seiner Einheit in Stuttgart stationiert

*In Deutschland: Offiziere der US-Armee unterhalten Komitee-
mitglieder. Zu meiner Linken sitzt Dr. James G. McDonald,
Experte für Flüchtlingsfragen und später erster US-Botschafter
in Israel.*

war, und lud ihn ein, mit einer Gruppe von Offizieren und mir zu
Abend zu essen. Wie gebannt hörten wir zu, als er uns von seiner
Suche nach Otto und Frieda Herz erzählte, der jüdischen Familie,
bei der ich als Austauschschülerin in Köln gelebt hatte. Ihre Tochter Luisa Herz, die mittlerweile in New York lebte, hatte mich gefragt, ob er nicht ihre Eltern suchen könne. Sie gab ihm mehrere
in Frage kommende Adressen. Eine davon war Bilthoven in Holland.
Irving klopfte an ein Eisentor und hatte schon bemerkt, daß Menschen durch ein Fenster starrten. In einer Mischung aus Deutsch
und Holländisch rief er immer wieder: »Ich suche die Familie Herz.«

Schließlich öffnete eine Frau das Tor. »Wer sind Sie?« wollte
sie wissen.

Rechtsanwalt Bartley C. Crum aus San Francisco wird zum bekanntesten Komiteemitglied, nachdem er prophezeit, daß es zu einem Massenselbstmord kommen wird, sollte man die DPs nicht nach Palästina einreisen lassen.

»Ich bin der Bruder von Ruth. Ich suche die Familie Herz.«
»Warten Sie einen Moment«, sagte sie atemlos.
»Otto, Frieda, kommt runter«, rief sie die Treppe hoch.
Zwei verängstigte, ausgezehrte Menschen kamen langsam die Treppe herunter, gingen durch das Tor und fielen ihm um den Hals. Irving versuchte zu lächeln. »Ich bin gleich zurück«, sagte er.
Er lief zu seinem Laster, fuhr in die Stadt, belud ihn mit frischem Obst und Gemüse, eilte zurück zu den Herzens und gab ihnen Lebensmittel, die sie seit Jahren nicht mehr gesehen hatten. Sie erzählten ihm von dem Mann, der sie aus Amsterdam heraus-

Im DP-Lager von Zeilsheim empfangen uns Flüchtlinge mit Transparenten. Sie fordern: Öffnet die Tore Palästinas.

gebracht und auf dem Dachboden eines Bauernhauses versteckt hatte. Er hieß Johannes Post, ein wirklicher Held, der ihr Leben gerettet, sein eigenes jedoch verloren hatte. Er wurde erschossen, als er versuchte, ein jüdisches Mädchen zu retten.

Am 8. Februar 1946 betrat unser Unterausschuß das erste Lager: Zeilsheim in der amerikanischen Zone, 15 Kilometer von Frankfurt entfernt. US-Soldaten fuhren unsere kleine Gruppe mit Militärfahrzeugen dorthin: Bartley Crum, Sir Frederick Leggett, Richter Simon Rifkind, Major Ralph Strauss von der US-Armee, Gerold Frank und mich.

In jedem DP-Lager werden Transparente und Plakate hochgehalten. Die meisten dieser Lager waren früher Konzentrations- und Arbeitslager, nun erinnern sie an Slums, die bei bitterer Kälte von Geistern bevölkert werden.

Vor dem Verwaltungsgebäude standen 3.000 staatenlose Juden im strömenden Regen und riefen uns auf englisch zu: »Wir wollen nach Palästina gehen. Wir müssen gehen. Wir werden gehen. Das ist unsere Heimat.«

Mit bemerkenswerter Würde und Disziplin zogen Männer, Frauen und Kinder, von denen einige noch immer die Sträflingskleidung der Konzentrationslager trugen, vor uns hin und her. Sie trugen Transparente mit der Aufschrift: *Öffnet die Tore Palästinas.* Die Menschen lebten in überfüllten Baracken, die an Slums erinnerten. An der Vorderseite der Baracken klebten Transparente mit Auf-

Im DP-Lager Neu-Freimann bei München: Männer in der Sträflingskleidung der Konzentrationslager. Das Transparent verdeutlicht ihre Entschlossenheit, vermischt mit Frustration und Ärger: Genug Gefängnisse. *Dahinter eine Prozession aus DPs und ein Transparent mit der Aufschrift:* Palästina soll unser Land sein.

schriften wie: *Wir jüdischen Kinder wollen nicht länger auf diesem blutigen Boden bleiben, auf dem unsere Eltern ermordet wurden. Wir wollen nach Hause gehen, nach Palästina.* Wir kamen in das Büro von Sylvan Nathan, dem Leiter des Lagers und früheren New Yorker Anwalt, der uns mit Ernsthaftigkeit erklärte: »Nach meiner Einschätzung möchte das gesamte Lager nach Palästina gehen.«

Wieder im Freien, wurde ich von Kindern umringt, die sich von mir fotografieren ließen. Ich hatte sofort das Gefühl, in Flüchtlingsaugen zu blicken. Es waren Waisen, die mitangesehen hatten, wie ihre Eltern ermordet worden waren. Sie hatten die dunkelste Seite

Waisenkinder im DP-Lager Leipheim, einer früheren SS-Kaserne zwischen Stuttgart und München. Die älteren Waisen ersetzen nun die Eltern und beschützen die Jüngeren. Die Augen des kleinen Flüchtlingsmädchens erzählen von den Schrecken, die sie gesehen hat. Wird sie je wieder ein unbeschwertes Kind sein?

des Lebens kennengelernt. Ihre Augen erzählten von dem Bösen, das sie erlebt hatten. Ein Junge, der aussah wie sieben, mir jedoch sagte, er sei zwölf, ließ sich von mir umarmen. Ich wußte nicht, wer die Umarmung nötiger brauchte – dieser hübsche Junge, der weder Mutter noch Vater hatte und keine Vorstellung davon, wohin ihn sein Lebensweg führen würde, oder ich, die sein Leid und seine Einsamkeit spürte. Eine Frau kam auf mich zu und nahm mich am Arm. »Wenn gerettet werden bedeutet, ein Leben ohne Land und Zukunft zu führen, dann hättet ihr uns in den Krematorien verbrennen lassen sollen.«

Noch mehr Waisen empfangen uns im DP-Lager in Kloster Indersdorf, das man als »Kinderlager« bezeichnet, um das verhaßte Wort »Waisenhaus« zu vermeiden. Einige begrüßen uns, andere starren uns verwirrt und argwöhnisch an.

Wir besuchten die überfüllten Unterkünfte, in denen jeweils vier bis fünf Menschen auf einer der übereinandergezimmerten Holzpritschen schliefen. Crum ging neben mir und sah verärgert aus. »Man sollte diese Lager so schnell wie möglich abschaffen. Sie sind entwürdigend.«

Die Menschen warteten geduldig im Regen, bis sie sich von uns verabschieden konnten. Sie sangen »Hatikva« – ihr Lied der Hoffnung. Wir standen in Habachtstellung, und viele von ihnen weinten. Als wir abfuhren, schrie uns jemand hinterher: »Verschwendet keine Zeit. Öffnet die Tore Palästinas.«

Zwei Kinder – das eine ängstlich, das andere spitzbübisch. Sie warten darauf, das DP-Lager in Zeilsheim verlassen zu können. Doch kein Land will sie, und die britische Außenpolitik verwehrt ihnen die Einreise nach Palästina.

In beinahe jedem DP-Lager in Deutschland, von Bergen-Belsen im Norden bis nach Dachau im Süden bei München, sahen wir ein Transparent an der Mauer hängen, auf dem ein Gedicht von Beryl Katzenelsen stand, einem der jüdischen Führer in Palästina:

> *Mit Blut in unseren Herzen*
> *Werden wir jede Mauer einreißen.*
> *Für uns gibt es kein Hindernis*
> *Nur die Erfüllung unserer Hoffnungen.*

Im DP-Lager Landsberg winkte mich eine Frau in einem zerrissenen, aber sauberen Hauskleid von den Männern des Komitees fort. »Sie sind eine Frau«, sagte sie. »Sie werden das Blut in unseren Herzen verstehen können. Mein Mann ist in Flammen aufgegangen. Ich wurde sechsmal vor den Flammen gerettet. Ich brauche ein Zuhause. Das ist meine Hoffnung. Nach Palästina zu gehen.«

Ich hörte schweigend zu.

Sie fuhr fort. »Vielleicht hat Gott Sie und die Männer in Ihrer Begleitung geschickt, damit Sie uns helfen, die Mauern einzureißen, die uns daran hindern, nach Hause zu gehen, nach Eretz Israel – nach dem Land Israel.« Sie sprach die Worte wie ein Gebet.

In Bergen-Belsen, Dachau, Landsberg, Leipheim, Zeilsheim, Neu-Freimann und Stuttgart traf sich das Komitee zuerst mit den Offiziellen der UNRRA und den Vertretern des *Joint*. Man informierte uns über die Probleme, dann fuhren wir in die Lager, setzten uns mit den DPs zusammen und hörten aufmerksam ihre Geschichten, wie ihre Familien erschossen, verbrannt oder vergast worden waren, und fragten sie dann stets: »Warum wollen Sie nach Palästina gehen. Sie wissen, daß es dort Kämpfe gibt. Die Araber sind im Aufruhr. Warum wollen Sie dorthin?«

Eine der eindringlichsten Antworten erhielten wir von einem sechzehnjährigen Waisenjungen in Bergen-Belsen. »Jeder hat ein Zuhause«, sagte er. »Die Briten haben ein Zuhause. Die Amerikaner. Die Russen. Die Franzosen. Nur wir haben keins. Fragen Sie nicht uns. Fragen Sie die Welt.«

Aus beinahe allen DPs, die wir kennenlernten, sprach eine zunehmende Sorge, eine Ungewißheit in bezug auf die Zukunft, ein Mißtrauen gegenüber der gesamten Menschheit sowie eine große Abneigung gegenüber der demokratischen Welt. »Zuerst haben sie nichts unternommen, um uns zu retten«, erklärte uns ein Mann. »Und nun unternehmen sie nichts, um uns nach der Befreiung zu befreien.«

»Genau deswegen sind wir hier«, sagte Bartley und versprach: »Wir werden einen Weg finden, um Sie hier herauszuholen.« Die gesammelten Eindrücke belasteten uns sehr. Ich betete im stillen, daß wir Bartleys Versprechen auch würden halten können.

In Landsberg bei München, dem größten Lager in Deutschland, waren 5.000 Flüchtlinge interniert, fast alle im Alter zwischen 20 und 25 Jahren. Sie waren jung und stark genug gewesen, um als Arbeiter für die Nazis zu überleben. Es gab fast keine alten Menschen und weniger als 100 Kinder. Ältere Leute und Kinder hatten die Nazis stets als erste in die Gaskammern geschickt. Und nun stellten die Überlebenden ihre eigenen Familien zusammen – Ersatzfamilien, in denen Mutter, Vater und Kinder mitunter alle 25 Jahre alt waren. Wie ich später erfuhr, sollten 120 dieser jungen Leute von Landsberg schließlich an Bord der *Exodus 1947* sein.

Eine junge Frau mit rotvioletten Ziffern auf ihrem linken Unterarm kam auf mich zu. »Warum sind Sie hier? Sind Sie gekommen, um uns anzustarren wie Affen im Käfig? Oder sind Sie gekommen, um uns zu helfen, nach Palästina zu kommen?«

»Falls Sie nicht nach Palästina gehen können«, fragte ich sie, »wohin würden Sie dann gehen?«

»In die Krematorien.«

Eines Nachts verließ ich kurz das Komitee, um in Bad Tölz, dem Hauptquartier der 3. US-Armee, 40 Kilometer südlich von München, der ersten Hochzeit von DPs beizuwohnen.

Erinnerungen an Gaskammern, Todesmärsche und Erschießungen im Ghetto kamen bei den Leuten in der winzigen Halle auf, als ein Geiger Mendelssohns »Hochzeitsmarsch« spielte und die Braut in einem gebrauchten elfenbeinfarbenen Satinkleid langsam auf das blumengeschmückte Baldachinzelt zuschritt.

Kaplan Paul Gorin aus Chicago, jüdischer Oberkaplan der 3. Armee, führte die Trauzeremonie durch. Diese kleine Gemeinde, bestehend aus 47 Juden, deren Leben auf wundersame Weise gerettet worden war, als amerikanische Streitkräfte sie vor dem Todesmarsch bewahrten, hörte mit Tränen in den Augen auf die bewegende Predigt vom Beginn eines neuen Lebens und von neuer Hoffnung. Draußen fiel Schnee auf die Kiefern und pastellfarbenen Bauernhäuser.

Der Bräutigam hieß Judah Balaban, war 38 Jahre alt und kam aus Pabianice bei Łódź in Polen. Nach der Zeremonie sagte er zu mir: »Sie fragen sich vielleicht, warum ich gerade jetzt heirate. Ich habe

Der Rabbiner mit dem weißen Bart führt mich durch das DP-Lager bei Bad Reichenhall und spricht prophetische Worte vom biblischen Aufstieg ins Gelobte Land.

die größte Tragödie erlebt, die ein Mensch erleben kann. Ich war ein Ehemann und hatte bereits eine Familie mit drei Söhnen. Alle wurden im Krematorium im Konzentrationslager Treblinka im Mai 1942 verbrannt.

Wir waren 50 Leute in unserer Familie. Ich bin als einziger noch am Leben. Meine Braut ist die Schwester meiner geliebten Frau. In ihren Augen sehe ich das Gesicht meiner Frau. Überall in meinem Zimmer hängen Bilder von meiner Frau und meinen toten Kindern. Meine Braut stört ihre Ruhe nicht, denn es ist ja auch ihre Familie.

Ich kümmere mich um sie, so wie es meine Frau gewünscht hätte. Auch sie steht allein in der Welt.«

Am nächsten Morgen erzählte ich Bartley Crum von der Hochzeit. »Diese Menschen«, sagte Bartley nachdenklich, »werden nach Palästina kommen, auch wenn sie den ganzen Weg laufen müssen. Vielleicht werden viele unterwegs sterben, aber allein durch ihre Willensstärke werden es die meisten schaffen. Diese Bewegung hat die Züge eines Kinderkreuzzugs. Noch nie in meinem Leben habe ich eine solche Leidenschaft gesehen.«

In München, ebenfalls einer Stadt in Ruinen, erzählte uns Dr. Zalman Grinberg, Präsident des Zentralkomitees der befreiten Juden, wie er seinen Sohn, noch ein Säugling, in einer Tonne im Ghetto von Kovno in Litauen versteckt hatte. Die Nazis trieben alle Kinder zusammen, um sie zu erstechen oder zu ersticken. Er schmuggelte das Kind aus dem Ghetto zu einem nicht-jüdischen Freund. Es war immer noch Krieg, als Dr. Grinberg 1945 aus dem Konzentrationslager Dachau in einen Zug verladen wurde, der nach Auschwitz fahren sollte.

Doch der Zug wurde von US-Flugzeugen bombardiert. Die Deutschen erschossen die meisten Menschen im Zug und flohen. Dr. Grinberg blieb unverletzt, er scharte die Überlebenden um sich und führte sie in anderthalb Tagen zu einem deutschen Dorf, wo er den Bürgermeister zu sprechen verlangte. »Ich bin medizinischer Beauftragter des Internationalen Roten Kreuzes«, erklärte er. »Die Leute, die ich bei mir habe, brauchen medizinische Versorgung, Nahrung und Schutz. Ich bitte Sie, mir sofort alle notwendigen Mittel zur Verfügung zu stellen.«

Als der Bürgermeister ihn gleichgültig anblickte, sagte Dr. Grinberg: »Die Amerikaner sind 24 Stunden von hier entfernt. Wenn Sie mir nicht geben, was ich verlange, werden Sie fünf Minuten nach ihrer Ankunft an einem Strick hängen.« Der Bürgermeister floh, und Dr. Grinberg übernahm das Hospital.

Er war einer von jenen, die Glück hatten. Als der Krieg zu Ende war, wurde er mit seinem Sohn und mit seiner Frau wieder vereint. Doch die Narben dessen, was er überlebt hatte, waren noch frisch. »Wer die Bestialität der Konzentrationslager nicht selbst durchlitten hat, kann nicht einmal einen Bruchteil von dem verstehen, was dort geschehen ist.« Ich hörte aufmerksam zu und beobachtete sein

Ebenso wie Frankfurt und der Großteil Deutschlands war auch München ein Trümmerfeld. Die einst so eleganten Geschäfte lagen in Schutt und Asche.

hübsches, aber ausgezehrtes Gesicht, während uns seine Worte wie Pfeile trafen.

»Wir hatten keine Hoffnung mehr, lebend herauszukommen, doch in unseren schwachen Stunden versuchten wir uns vorzustellen, wie es sein würde, wenn wenigstens ein kleiner Bruchteil von uns freikäme. Wir malten uns aus, wie die Welt aufstehen würde, um uns zu helfen, uns zu trösten und uns dabei zu unterstützen, unser Ziel Palästina zu erreichen.«

Wir verließen Deutschland, erschüttert von seiner Geschichte.

Ein Vater führt seinen Sohn an den zerbombten Häusern Münchens vorbei.

Wie betäubt steigt eine Frau über die Trümmer eines Münchner Hauses.

München in der Dämmerung: Menschen mit Schubkarren auf dem Weg zum Bahnhof. Sie eilen vorbei an den Wunden ihrer Stadt – gerissen vom Krieg, den sie begonnen und verloren haben.

Als wir kurz darauf in Prag mit US-Botschafter Laurence Steinhardt sprachen, eröffnete mir dieser: »Sie haben heute Ihre Arbeit im Innenministerium niedergelegt.«

Ich starrte ihn verwundert an. »Woher wissen Sie das?«

»Es kam heute morgen im Radio. Ickes hat seinen Rücktritt erklärt, und er hat das Rücktrittsgesuch angenommen, daß Sie bei ihm hinterlegt haben.«*

Es tat mir leid, Ickes verlassen zu müssen. Hatte er sich doch von allen Kabinettmitgliedern am stärksten dafür eingesetzt, daß Amerika seine Pforten für Flüchtlinge öffnete – und war wie alle anderen daran gescheitert. Aber ich war froh, nun wieder zu meiner ersten Liebe, dem Journalismus, zurückkehren zu können.

Von Prag brachen wir in einem langen Konvoi in Richtung Wien auf, doch an der tschechoslowakisch-österreichischen Grenze wurden wir von einem Wachposten angehalten.

»Stop!« schrie er. »Sie sind verhaftet.«

Richter Rifkind verlangte, den Grund zu erfahren.

»Wir haben Anweisung aus Prag, Ihren Konvoi aufzuhalten. Man wirft Ihnen vor, streng geheime Regierungsunterlagen entwendet zu haben.«

»Das ist doch verrückt – wir kommen gerade vom amerikanischen Botschafter in Prag. Rufen Sie ihn an, und er wird alles aufklären.«

»Steigen Sie aus«, befahl der Polizist. »Wir werden Sie in die Wachstube bringen. Hier gibt es nur ein Feldtelefon, und es wird eine ganze Weile dauern, bis wir Prag erreicht haben.«

Die Wachleute waren freundlich, ihre Gewehre jedoch auf uns gerichtet. In der eisigen Kälte drängten sie uns geradezu, heißen Tee zu trinken. Der Gedanke, in Begleitung eines Bezirksrichters unter Arrest genommen zu werden, hielt uns bei Laune. Nach mehreren Stunden kam der Wachmann herein. »Wir sind endlich durchge-

---

* Später erfuhr ich, daß Ickes nach einem bitteren Zerwürfnis mit Präsident Truman zurückgetreten war. Grund war die Nominierung eines Ölbarons für einen hohen Posten. Dieser hatte versucht, Ickes zu bestechen, um in Kalifornien Bohrrechte in Küstennähe zu erhalten.

kommen«, sagte er. »Ihr Konvoi ist der falsche. Sie sind frei und können weiterfahren.«

Das Komitee erhielt später eine Entschuldigung. Man erklärte, daß ein Stoßtrupp des US-Militärs einige Dokumente gestohlen hatte, die man für die Nürnberger Prozesse benötigte.

Auf dem Weg nach Wien fuhren wir durch schneebedeckte Felder und erreichten die Stadt vor allen anderen Unterausschüssen. Bartley Crum schlug vor, daß Gerold Frank und ich eine Pressekonferenz für ihn arrangieren sollten. Wir versammelten alle Auslandskorrespondenten, die im dortigen Presse-Lager lebten, und Bartley gab die Warnung aus: »Wenn die Internierungslager in Europa nicht aufgelöst werden und man den Juden nicht erlaubt, sich ihr Leben neu einzurichten, wird es zu einem Massenselbstmord kommen.«

Die Schlagzeilen schrien »Selbstmord«!

Am nächsten Tag trafen Richter Joseph C. Hutcheson, der amerikanische Vorsitzende des Komitees, sowie der britische Vorsitzende, Sir John Singleton, Richter der Ersten Kammer des High Court in London, in Wien ein. Verärgert über das öffentliche Interesse, das Crum erregt hatte, beschlossen sie, eine eigene Pressekonferenz abzuhalten. »Egal, wohin wir gingen«, erklärte Richter Hutcheson, »überall war nur ein Lied zu hören: ›Nach Palästina, nach Palästina‹. 90 bis 100 Prozent der Juden wollen nach Palästina gehen.« Ganz der Sohn eines Captains der Konföderierten und nach strenger presbyterianischer Tradition erzogen, wandte sich der Richter mit großen Worten an mich. »Ich glaube fest daran, daß Gerechtigkeit rechtens und Ungerechtigkeit falsch ist.« Und er fuhr fort: »Das Wort des heiligen Paulus ›Den Geist dämpft nicht. Prophetische Rede verachtet nicht. Prüft aber alles, und das Gute behaltet.‹ gilt nicht nur für mich, sondern für jeden, der sich für liberal hält. Es ist mir ein großes Anliegen, daß für das Problem der Juden in Europa und Palästina eine gerechte und dauerhafte Lösung gefunden wird.«

Von Wien aus flogen wir weiter nach Kairo und wohnten dort im berühmten *Shepheard's Hotel*. Vor meinem Fenster wiegten sich die Palmen im Wind. Mein Zimmer war lichtdurchflutet. Nach den schlaflosen Nächten in Europa, in denen mich die Bilder der einsamen Waisenkinder in den dunklen und abstoßenden Lagern verfolgt hatten, spürte ich plötzlich, wie mein Körper von neuer Energie durchströmt wurde. Ich brauchte keinen Schlaf.

Schnell stieg ich aus meiner Armeeuniform, nahm in einer riesigen Wanne ein Bad, zog ein blaues Kostüm und einen blauen Hut mit kecker Feder an und überprüfte meine überdimensionierte Handtasche, um sicherzustellen, daß auch genügend Notizbücher, Stifte und Filmrollen für die heutigen Sitzungen darin waren. Meine Leica und meine Rolleiflex über der Schulter, fuhr ich mit dem Taxi zu dem eleganten Mena-Haus, in dem sich Präsident Roosevelt, Winston Churchill und Tschiang Kaischek während des Kriegs getroffen hatten.

Als das gesamte Komitee versammelt war – es tagte unter dem Schutz von Polizisten mit roten Fesen und von Soldaten mit Gewehren, die uns vor Terroristen warnten –, mußten wir feststellen, daß nur Araber aussagten. Bartley Crum beschloß, den Grund herauszufinden. Bald erfuhr er, daß der Oberrabbiner und Catawi Pasha, einer der reichsten Männer Kairos, in den Palast des ägyptischen Monarchen, König Farouk, gerufen worden waren. Dort wurde ihnen klargemacht, daß es weiser sei, nicht auszusagen.

Die Reden kreisten immer um ein und dasselbe Argument: Palästina solle für die 100.000 DPs geschlossen bleiben. Diese Juden, die den Holocaust überlebt hatten, seien zu westlich. Und die Ägypter sehnten sich keinesfalls nach westlichem Einfluß.

Am Abend unterhielten uns die Vertreter der arabischen Seite in ihren Villen mit Musikern, Bauchtänzerinnen und modernem amerikanischem Jazz. Junge, westlich gekleidete Araber forderten mich zum Tanzen auf, und auf der Tanzfläche versicherten sie mir, daß Araber keine Antisemiten seien. »Tatsächlich«, erklärten sie mir, »sind wir sogar nahe Verwandte. Wir sind alle Semiten.«

Nach der Musik wurden wir an Bankettafeln gebeten, die mit Delikatessen des Mittleren Ostens reich beladen waren, einschließlich Schafsköpfen. Um unsere Gastgeber nicht in Verlegenheit zu bringen, knabberte ich an der Spezialität. Doch als ich sicher war, daß mich niemand beobachtete, ließ ich das meiste davon in meine

Handtasche gleiten. Trotz dieser Vorsichtsmaßnahme wurde ich ein Opfer von Montezumas Rache.

Der Hotelarzt gab mir einige Spritzen, die meinen rebellierenden Magen beruhigten. »Sie müssen im Bett bleiben«, lautete die ärztliche Anweisung.

»Keine Zeit«, erklärte ich ihm.

»Ihr Amerikaner.« Er schüttelte den Kopf. »Ich glaube, Ihr seid alle verrückt. Trotzdem, seien Sie nicht unvernünftig. Nehmen Sie nur Kartoffelbrei, Tee und Toast zu sich.«

Ich befolgte seinen Rat, nahm weiterhin an den Anhörungen teil, schickte Telegramme und Fotos nach New York und erforschte Kairo, eine Stadt mit terrassenförmig angelegten Häusern und Marmorpalästen für die Reichen sowie Lehmhütten voller Schmutz, Gestank und Krankheiten für die Armen.

Eines späten Nachmittags bestiegen wir einen langsamen Zug und verließen Kairo. Ich wünschte mir, der Zug würde schneller fahren, als ich noch ein paar letzte Anmerkungen zu den Anhörungen notierte. Nach 16 langen Stunden preßte ich meine Hände in ungeduldiger Erwartung zusammen. Wir näherten uns dem Herzstück der Arbeit des Komitees: dem Heiligen Land.

Der Zug hielt in Gaza, wo der geblendete Samson den Tempel der Philister zerstört hatte.

Paul Mowrer, der Korrespondent der *New York Post* in dieser Region, holte mich mit seinem Auto ab. Es war Frühling, die Luft war süßlich und die Menschen schienen so voller Hoffnung, als wir nach Jerusalem hinauffuhren. »Der einzige Weg nach Jerusalem«, erklärte Paul, »führt nach oben.«

Nach oben.

Als wir die engen gewundenen Bergstraßen hinauffuhren, bemerkte ich, daß wir dem biblischen Aufstieg von der Sklaverei in die Freiheit folgten, von Ägypten in das Land Israel. Dies war der *Alija*, von dem nicht nur die DPs, sondern Juden auf der ganzen Welt träumten, wenn sie zum Ende jedes Passahfests beteten: »Nächstes Jahr in Jerusalem.«

Jerusalem erhob sich vor uns, eine goldene Stadt aus Stein, jedoch auch eine belagerte Stadt. Das Komitee und mehrere Auslandskorrespondenten, die uns begleiteten, stiegen im *King David Hotel* ab. Dort waren wir 24 Stunden am Tag von bewaffneten Wachleuten mit Maschinenpistolen und Agenten des *Criminal Investigation Department* (CID) umgeben. Soldaten standen auf den Dächern des Hotels und des YMCA auf der gegenüberliegenden Straßenseite, wo die Treffen abgehalten werden sollten. Britische Panzer patrouillierten auf den breiten Straßen. Ganze Stadtteile wurden mit Stacheldrahtverhau abgeriegelt. Die berüchtigte »Black-and-Tan«-Polizei, die in Irland in den 20er Jahren *Sinn Feiners*, irische Freiheitskämpfer, getötet hatte, war als Polizeischutz in das Heilige Land abkommandiert worden.

Das Palästina des Jahres 1946 war das Irland von 1921. Ich telegraphierte meiner Zeitung: »Dies ist ein Polizeistaat.«

Die meisten Jerusalemer Bürger, die mich zu sich nach Hause einluden, gaben mir zu verstehen, daß sie die Briten nicht haßten. Sie verehrten sie. Sie verschlangen britische Bücher und Zeitungen, studierten Shakespeare und schickten, falls sie es sich leisten konnten, ihre Kinder nach Oxford und Cambridge. Es waren die Soldaten, die sie haßten, und zwar dafür, daß sie in ihre Häuser eindrangen, nach Waffen suchten, Menschen verhafteten und sie in ihre berüchtigten Teggart-Festungen sperrten, die im ganzen Land verstreut lagen. Die Mandatsregierung hatte bereits 20 Millionen Dollar ausgegeben, jedoch nicht für das Gesundheits- oder Erziehungswesen, sondern für Gefängnisse.

Der Mann, den sie am meisten haßten, war der britische Außenminister Ernest Bevin. Was sie nicht wußten, war, daß US-Präsident Truman die gleiche Abneigung gegenüber Bevin empfand.

In den 20er Jahren, als der Mittlere Osten zwischen Großbritannien und Frankreich aufgeteilt wurde, hatte Großbritannien vom Völkerbund das Mandat erhalten, aus Palästina eine Heimat für die Juden zu machen. Doch 1939, genau zu dem Zeitpunkt, an dem Hitler alle Fluchtwege aus Deutschland verriegelte, schloß auch Großbritannien die Pforten nach Palästina, dem einzigen Land auf der Welt, dessen Menschen die jüdischen Flüchtlinge mit offenen Armen empfingen. Und nun war Bevin fest entschlossen, »die Invasion der Juden« in Palästina mit Panzern und Gewehren zu stoppen.

Reba Horowitz, die Ehefrau von David Horowitz, dem bedeutendsten Nationalökonom im Land, führt mich durch Neu-Jerusalem.

Als Auslandskorrespondenten bekamen auch wir die Taktiken der Mandatspolizei zu spüren. Man erklärte uns, es gäbe zwar eine heimische Zensur, wir seien jedoch von dieser nicht betroffen. Trotzdem waren wir uns sicher, daß auch unsere Geschichten von den britischen Zensoren genauestens überprüft wurden, ehe man sie an unsere Zeitungen telegraphierte. Jeden Morgen mußten wir bei der Pressestelle der Regierung einen neuen Presseausweis beantragen, ohne den wir keinen Zutritt zur YMCA erhielten. Man sagte uns, dies sei notwendig. Falls wir unsere Karte verlören und ein Terrorist sie fände, könnte er damit in die Halle gelangen und uns töten. Wir gaben vor, dieser Entschuldigung Glauben zu schenken, wußten aber, daß es sich nur um eine weitere Form der Kontrolle handelte, durch die man erfuhr, was wir berichteten.

Dr. Chaim Weizmann, der spätere erste Präsident Israels (links sitzend), im Gespräch mit David Horowitz, einem seiner wichtigsten Berater. Umgeben von Vertretern der jüdischen und arabischen Führung, bereitet er sich im YMCA in Jerusalem auf seine Rede vor dem Anglo-American Committee of Inquiry vor.

Der erste Zeuge war Dr. Chaim Weizmann, der später der erste Präsident Israels werden sollte. Gebrechlich, fast blind, doch mit einem Verstand so flink wie ein Wiesel, sprach er mit großer Leidenschaft.

»Wir haben Sie gewarnt, meine Herren. Wir haben Ihnen gesagt, daß die ersten Flammen, die an den Synagogen von Berlin leckten, nur allzu bald die ganze Welt in Brand setzen würden.«

Er setzte sich auch mit jenen Komiteemitgliedern auseinander, die der Meinung waren, daß »die Juden, die überlebt haben, in ihre Länder zurückkehren und diese wieder aufbauen sollten«.

»Man kann von den europäischen Juden«, sagte er, »nicht erwarten, wieder auf einem Boden zu siedeln, der mit jüdischem Blut getränkt ist. Ihre einzige Hoffnung auf ein Überleben liegt in der Schaffung eines jüdischen Staats in Palästina.«

David Ben Gurion, Anführer der Jewish Agency – einer Art Schattenkabinett, das das jüdische Volk unter der britischen Mandatsregierung selbst eingesetzt hat – spricht vor dem Anglo American Committee. Er erklärt, warum die DPs so dringend ein eigenes Heimatland brauchen, das ihnen Schutz und Freiheit bietet. Als ich ihm erkläre, daß ich ihn für den Abraham Lincoln seines Volks halte, schüttelt er heftig den Kopf. »Nein, nein, das bin ich nicht«, ruft er aus. »Für mich ist Abraham Lincoln ein wirklich großer Mann gewesen. Doch wer bin schon ich?«

Ich unterstrich seine Worte, als er die Flüchtlingsschiffe mit der amerikanischen Geschichte in Verbindung brachte: »Die reparaturbedürftigen Boote, auf denen unsere Flüchtlinge nach Palästina kommen, sind ihre *Mayflowers*, die *Mayflowers* einer ganzen Generation.«

David Ben Gurion, der prophetischste unter den führenden Politikern, die ich kenne, sprach als nächster. Seine Stimme, hoch und kraftvoll, schallte durch die Hallen des YMCA und erreichte über das Radio auch die Menschen zu Hause.

»Was meinen Sie mit einem jüdischen Staat?« fragte ihn ein Komiteemitglied.

»Mit einem jüdischen Staat meinen wir die jüdische Unabhängigkeit. Wir meinen Sicherheit und Schutz für die Juden. Vollkommene Unabhängigkeit wie für jedes andere freie Volk.«

Golda Meir, jene Amerikanerin, die später Ministerpräsidentin Israels werden sollte, führte die Argumentation für einen jüdischen Staat fort. Ihre Worte, klar, logisch und geradeheraus, beschrieben, wie sich das Gesicht Palästinas durch jüdische Arbeit und jüdischen Ackerbau gewandelt hatte.

Nach der jüdischen Führung sprachen zwei arabische Vertreter. Der eine war Jaamal Husseini, Neffe des früheren Mufti, der beinahe alle Kriegsjahre in Deutschland bei Hitler verbracht und bei der Ausrottung der Juden geholfen hatte. Der andere war Auni Abdul Hadi, ehemaliger Privatsekretär von König Faisal, der ein Abkommen mit Dr. Weizmann unterzeichnet hatte, in dem er seine Sympathie für die Sache der Zionisten bekundete.

Beide Männer repräsentierten das selbsternannte arabische Oberkomitee. Sir John Singleton befragte Husseini mit Vorsicht: »Ist es Ihr Wunsch, daß sich die britischen Streitkräfte und die britische Polizei unverzüglich aus Palästina zurückziehen?«

Als er nickte, fuhr Sir John fort: »Haben Sie bedacht, was am nächsten Tag geschehen würde? Mit Sicherheit würde Blut vergossen.«

»Das glaube ich nicht«, sagte Jaamal Husseini. »Wenn diese verzärtelten Kinder, diese verwöhnten Kinder der britischen Regierung, die Zionisten, dieses eine Mal begreifen, daß sie nicht länger verzärtelt und verwöhnt werden, dann werden wir – vielleicht – Freunde werden.« Ein leises Lachen ging durch die Halle des YMCA.

Nach Tagen zahlreicher Besuche in jüdischen und arabischen Städten und Siedlungen teilte sich das Komitee auf. Bartley Crum blieb in Palästina, während andere Mitglieder in benachbarte arabische Staaten reisten. Ich beschloß, in den Irak und nach Saudi Arabien zu gehen, zusammen mit Sir John Singleton, dem britischen Vorsitzenden des Komitees, Major Reginald Manningham-Buller, Fraktionsmitglied der Konservativen im britischen Unterhaus, und Frank Buxton, Herausgeber des *Boston Herald* und Gewinner des Pulitzer-Preises. Buxton hieß mich willkommen. »Es ist gut, daß

Arabische Wachposten heißen mich als erste Journalistin an der Grenze des neuen Haschemitischen Königreichs Jordanien willkommen.

Sie über diese Anhörungen berichten«, sagte er. »Die Welt muß wissen, wie diese beiden reichen Ölländer über die Einwanderung nach Palästina denken.«

»Wir hätten keinerlei Probleme im Mittleren Osten«, hatte mir US-Präsident Truman bei einem Interview in seinem Büro in Independence im US-Bundesstaat Missouri einmal erklärt, »wenn es nicht um dieses unanständige kleine Wort mit zwei Buchstaben ginge.« Langsam buchstabierte er: »Ö-l.«

Wie tragisch, dachte ich, daß die DPs, die Hunderte von Kilometern entfernt darauf warteten, daß das Komitee über ihr Schicksal entschied, im Netz britischer Interessen gefangen waren, die sich nur um dieses unanständige Wort drehten.

In Bagdad wurden die Anhörungen in der städtischen Versammlungshalle von Amanah im geheimen abgehalten. Die irakische Regierung hatte die Zeugen ausgesucht: einige wenige muslimische Geistliche, ein paar Politiker, zwei Mitglieder der christlichen Kommunisten sowie zwei antizionistische Juden – Oberrabbiner Sassoon Khadouri und Ibrahim El Kabir, der im Finanzministerium arbeitete und mich zu sich nach Hause einlud, um seine Frau kennenzulernen.

Sie hätte den Tee ebensogut in Paris oder New York reichen können. Im Gegensatz zu den muslimischen Frauen in ihren schweren Gewändern trug sie ein modisches Kleid, das um Seidenstrümpfe und Schuhe mit hohen Absätzen fiel. Lachend sagte sie in fließendem Englisch: »Die Leute denken noch immer, daß wir hier wie die Menschen in *Tausendundeine Nacht* leben.«

Ibrahim El Kabir wählte seine Worte mit Vorsicht. »Weder Rabbi Sassoon noch ich sprechen für alle Juden im Irak. Gewiß haben wir uns, ebenso wie die anderen, gegen die Einwanderung weiterer Juden nach Palästina ausgesprochen – gemäß der Position unserer Regierung. Doch niemand hat die Autorität, für alle Juden im Irak zu sprechen.«

Ich verstand.

Später sprach ich bei Oberrabbiner Sassoon vor, der wie ein Potentat aussah, der einer Schriftrolle aus dem Mittelalter entstiegen war. Er trug einen hohen Seidenturban und eine elegante bestickte Robe. Sein Sohn, ein Arzt, dolmetschte für den Rabbi, der meine Fragen beiseite schob, mich für meine Arbeit segnete, mir eine Schachtel mit arabischen Süßigkeiten reichte und seinen Sohn anwies, mir Bagdad zu zeigen. Das Interview war vorüber.

Während wir die überfüllte, basarähnliche Hauptstraße entlanggingen, flüsterte Dr. Sassoon: »Ein Teil unserer Familie ist bereits in Palästina. Mein Vater will bleiben, doch der Rest von uns schmiedet bereits Pläne. Wir sind hier nicht mehr sicher.« Er warf einen Blick über seine Schulter und machte mich dann mit lauter Stimme auf die Sehenswürdigkeiten aufmerksam.

Am nächsten Morgen beantragte ich im saudiarabischen Konsulat ein Visum. »Wir heißen Sie in unserem Land willkommen«, war die wohlwollende Äußerung des Konsuls, als er das Visum in meinen Paß stempelte.

»Wo werde ich in Riad wohnen?« fragte ich.

»Vermutlich in den Gemächern der Frauen am Königshof.«

»In seinem Harem?« Das würde eine neue Erfahrung sein. Eine Auslandskorrespondentin genoß doch so manche Vorteile, dachte ich. Wie viel näher konnte ich König Ibn Saud auf diese Weise kommen, während ich ihn zu dem Verhältnis zwischen dem Öl und der Öffnung Palästinas befragte.

Der Konsul lächelte. »Ich schlage vor, daß Sie eine *Aba* bekommen.« Es handelte sich um das lange schwarze Gewand, das muslimische Frauen von Kopf bis Fuß verhüllte. »Und besorgen Sie sich einen *Yashmak*, einen schwarzen Gesichtsschleier.«

Frank Buxton war hocherfreut, Sir John Singleton dagegen raste vor Wut. In London hatte ich gehört, daß Sir John in Irland als ein »Henkersrichter« bekannt war. Oft, wenn ich seiner Befragung jüdischer und arabischer Zeugen zuhörte, fragte ich mich, wie er wohl mit den DPs in seinem Abschlußbericht verfahren würde.

»Mir wurde gesagt«, erklärte er, »daß die Saudis keine Frauen in ihrem Land haben möchten.«

»Sie haben mich eingeladen.« Ich zeigte ihm mein Visum.

»Ich bin nicht befugt, Sie mitzunehmen.«

»Wer ist dann befugt?« wollte ich wissen.

Er ging davon.

Harold Beeley, der britische Sekretär des Komitees und Bevins wichtigster Arabist, antwortete für ihn. »Das sind wir. Sie können nicht fahren.«

Einige Jahre später schrieb mir Frank Buxton, daß er es bedauere, nicht härter darum gekämpft zu haben, mich in das Flugzeug zu bekommen. Es hätte sich um ein Flugzeug mit 20 Plätzen gehandelt, von denen 15 leer geblieben seien, und er hatte herausgefunden, daß die USA es bezahlt hätten.

Ich kehrte nach Jerusalem zurück und schloß mich wieder dem Komitee an. Die Mitglieder hatten ihre Reisen beendet und begaben sich in die Schweiz, um ihren Bericht abzufassen.

In Lausanne verbrachten die zwölf Männer einen Monat mit hitzigen Debatten, in denen sie nochmals durchlebten, was sie gesehen hatten, und in denen sie, als der Entscheidungsprozeß begann, oft unerbittlich stritten. Nach dem, was ich über meine Informationsquellen im Komitee erfuhr, war ich mir sicher, daß die Amerikaner und Dick Crossman, der britische Schriftsteller und spätere Parlamentsabgeordnete, dafür stimmen würden, die DPs nach Palästina einreisen zu lassen. Würden jedoch die anderen fünf Engländer Bevins Wunsch entsprechen und die Juden aufhalten?

An einem sonnigen Morgen im Mai 1946 stimmte das Komitee einmütig dafür, die Pforten Palästinas für 100.000 »Displaced Persons« zu öffnen.

In den Internierungslagern, auf den Straßen von Jerusalem und in den Kibbuzim umarmten sich die Menschen, küßten sich, sangen und tanzten. Doch die Freude schlug in Verbitterung um, als Bevin den Bericht zurückwies. Am 17. September 1947 erklärte das *British Colonial Office* den Vereinten Nationen, daß Großbritannien Palästina nicht länger verwalten könne. Darauf schufen die Vereinten Nationen ihr eigenes Komitee – das *United Nations Special Committee on Palestine* (Sonderkomitee Palästina der Vereinten Nationen), bekannt als UNSCOP. Es setzte sich aus elf Mitgliedern zusammen, die vorwiegend aus Ländern stammten, die kein Interesse an arabischem Öl hatten. Zum ersten Mal würde kein einziger Engländer an den Entscheidungen über die Zukunft Palästinas beteiligt sein.

Die *New York Herald Tribune*, die Zeitung, für die ich 1935/36 aus der sowjetischen Arktis berichtet hatte, ehe ich für Ickes arbeitete, bat mich, als ihre Auslandskorrespondentin nach Europa zurückzukehren und dieses neue Komitee zu begleiten. Wiederum reisten wir zu den DP-Lagern in Deutschland und Wien, dann in die arabische Welt und nach Palästina.

In Wien bat mich Dr. Enrique Fabregat, der Delegierte aus Uruguay, ihn als Dolmetscherin ins Rothschild-Krankenhaus zu begleiten, das in ein Internierungslager umgewandelt worden war. 100 Juden waren nach Wien gekommen und wurden nun in dem Lager untergebracht. »Die meisten von uns kommen aus Rumänien«, erzählte mir ein Mann in abgerissenen Kleidern. »Wir fliehen vor dem Antisemitismus und dem Hunger. Die Hungersnot schafft Antisemitismus. Sie machen die Juden für ihren Hunger verantwortlich.«

Ein junger Mann kam auf mich zu. Seine Augen waren blutunterlaufen. Er machte tiefe Atemzüge, als kämen die Worte aus seinen Eingeweiden. »In Rumänien haben sie in zwei Stunden etwa 30.000 Juden getötet. Sie brachten die Juden ins Schlachthaus. Sie haben sie bei lebendigem Leib wie die Rinder aufgehängt, und sie legten ihnen Messer an die Kehlen.« Er fuhr mit der Hand quer über seine Kehle.

Mir war, als könne ich seine Schilderung nicht länger ertragen. Doch ich hörte ihm zu.

Völlig erschöpfte Menschen schliefen auf den Fluren des alten Krankenhauses. Wer Glück hatte, konnte ein Feldbett ergattern, andere jedoch mußten draußen vor dem Backsteinbau im Schmutz liegen. Eine fünfundfünfzigjährige Mutter legte ihre Hand auf meine Schulter. »Schauen Sie, wir sind sechs Tage hier, eine fünfköpfige Familie, und wir schlafen alle auf einem Feldbett.« Ein Mann zeigte auf ein Paar, das mitten im Schmutz tief eingeschlafen war. »Schauen Sie, so müssen die schlafen«, sagte er, »ob es nun regnet oder ob die Sonne sticht. Bald ist Winter, und da werden sie genau so auch im Schnee schlafen.« Barfüßige Kinder, überzogen mit Wundschorf vom schmutzigen Boden und weil sich keiner um sie kümmerte, drängten sich um uns.

Das mit Flüchtlingen überfüllte Rothschild-Krankenhaus in Wien wurde in ein DP-Lager umfunktioniert. Gerade sind 100 Rumänen eingetroffen und erhalten neue Blecheimer für das Mittagessen. Eine Mutter legt schützend den Arm um ihre Tochter.

Foto rechts: Die Mutter ist kurz davor, in Tränen auszubrechen. Ihre Tochter lehnt sich an sie, um sie zu trösten.

Neuankömmlinge – barfuß und erschöpft von der Flucht – ruhen sich auf Behelfsbetten vor dem überfüllten Rothschild-Krankenhaus aus.

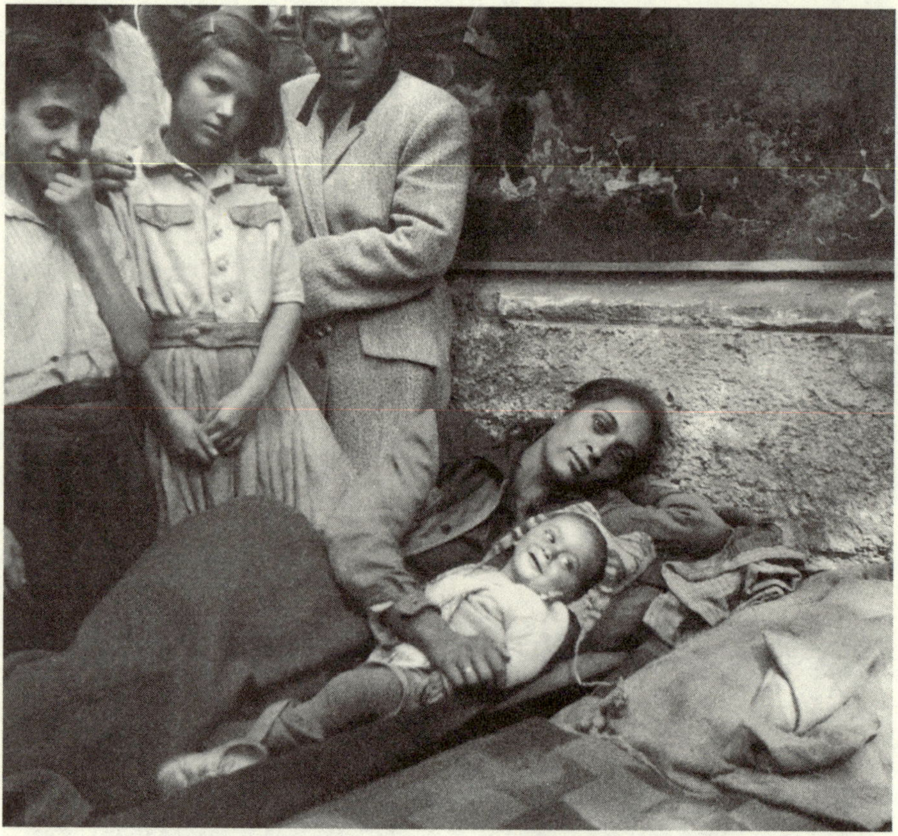

Die Menschen fragen uns: »Seid ihr wirklich gekommen, um uns zu helfen. Oder seid ihr bloß ein weiteres Komitee, das sehen will, wie ein DP aussieht?«

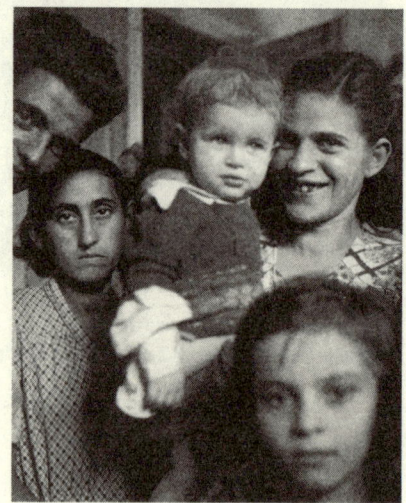

*Foto rechts:
Die lächelnde Mutter hat ein neues jüdisches Leben in eine Welt geboren, in der 1,5 Mio. jüdische Kinder ermordet wurden. Die Frau daneben ist kinderlos und erklärt mir mit leblosem Blick, ihr Leben sei vorüber.*

Vor dem Krankenhaus finden sie Wasser zum Trinken, zum Kochen und Baden und für die Wäsche. Sauberkeit – das haben sie in den Todeslagern gelernt – bewahrt sie vor Läusen und Krankheiten.

Menschen wuschen ihre Kleider, wo sie gerade Wasser fanden. Sie brauchten Wasser zum Trinken, zum Baden, für die Wäsche; wenn sie Wasser hatten, konnten sie hoffen, damit den Krankheiten zu entgehen; sie brauchten es zum Überleben. Dr. Fabregat schüttelte den Kopf. »Wir müssen diesen Zuständen unbedingt ein Ende bereiten. Wir müssen diese Menschen hier herausbringen, nach Palästina.«

*Die Todeslager haben sie geformt, sie stark genug gemacht,
um gegen das britische Empire aufzubegehren und Gerechtigkeit
zu verlangen. Als wir das Rothschild-Krankenhaus verlassen
wollen, singen sie »Hatikva« – das bedeutet »Hoffnung«.*

Bald darauf waren wir wieder in Jerusalem und hörten uns weitere Reden im YMCA an. Ich schaltete mein Radio ein und hörte von einem Flüchtlingsschiff mit dem Namen *Exodus 1947,* das versuchte, die britische Blockade zu durchbrechen, um nach Palästina zu gelangen.

Ich telegraphierte der *Herald Tribune:* »Über Reden kann jeder schreiben. Ich werde über ein Schiff voller Flüchtlinge berichten.«

»Tun Sie das«, antwortete die *Tribune*.

Haifa

In der Nacht des 17. Juli 1947 tauchte an den Mauern von Tel Aviv, an den Säulen in Jerusalem, an den Schaufenstern in Natanya und Haifa ein weißes Flugblatt auf. Jugendliche Anhänger der Hagana liefen durch die Dunkelheit, die sie vor der Polizei schützte, und klebten die Flugblätter an. Darauf stand auf hebräisch:

»*Das Flüchtlingsschiff* Exodus 1947 *hat die Blockade um die Emigrationshäfen durchbrochen und ist auf dem Weg zur Küste Palästinas.*

An Bord des Hagana-Schiffs Exodus 1947 *sind 4.554 Flüchtlinge:*
    1.600 Männer
    1.282 Frauen
    1.017 Jugendliche
      655 Kinder

Das Schiff wurde von der britischen Flotte entdeckt. Fünf Zerstörer und ein Kreuzer umringen die Exodus 1947 *von allen Seiten und weisen ihr den Weg.*

Heute abend um 22.00 Uhr und morgen früh um 7.30 Uhr werden die Flüchtlinge von Deck des Schiffs auf der Wellenlänge 35 Meter eine Nachricht an die Juden Palästinas senden. Die Nachricht kann über den Geheimsender der Hagana, Kol Israel (Die Stimme Israels), auf der Wellenlänge 45 Meter empfangen werden.«

Kurz nach Einbruch der Dunkelheit konnte man über *Die Stimme Israels* eine Stimme mit amerikanischem Akzent hören. Sie gehörte dem jungen amerikanischen Prediger John Stanley Grauel, der offensichtlich unter großem Druck stand.

»Hier ist das Flüchtlingsschiff Exodus 1947. Wir wurden heute vor Einbruch der Dunkelheit 17 Meilen vor der Küste Palästinas in internationalen Gewässern von fünf britischen Zerstörern und einem Kreuzer angegriffen. Die Angreifer eröffneten sofort das Feuer, warfen Gasbomben und rammten unser Schiff von drei Seiten. An Deck unseres Schiffs gibt es einen Toten, fünf Sterbende und 120 Verletzte. Wir konnten über drei Stunden Widerstand leisten. Doch angesichts der schweren Verluste und da unser Schiff zu sinken droht, waren wir gezwungen, einzulenken und Kurs auf Haifa zu nehmen, um die 4.500 Flüchtlinge an Bord vor dem Ertrinken zu bewahren.«

Am Freitag, dem 18. Juli, legten die Menschen in Tel Aviv die Arbeit nieder. Freiwillig schlossen sie ihre Geschäfte und Restaurants, stellten die Maschinen in den Fabriken ab und brachten ihre gesamte Wirtschaft zum Stillstand, um vor der Welt zu protestieren.

In diesem Streik fand ein lange aufgestauter Unmut der Bürger seinen Höhepunkt. Die letzten Überlebenden ihrer Familien mußten noch immer in den DP-Lagern, im Todesland leben. Und nun waren die Bürger von Tel Aviv entschlossen, den Briten, die den Juden die Einreise nach Palästina verweigerten, die Stirn zu bieten. Mit Hilfe der Hagana, ihrer Widerstandsarmee, hatten sie begonnen, ihre Verwandten und Tausende unbekannter DPs durch die britische Blockade zu schleusen. Die *Exodus 1947*, die sich nun Palästina näherte, war das bisher größte Flüchtlingsschiff, das eine illegale Landung versuchte, und sie war bereits aufgebracht und gestellt worden.

»Ihr wollt unser Volk nicht landen lassen« wurde zur Parole der Streikenden in Tel Aviv. Jeder Ladeninhaber gab sie an seine Nachbarn weiter, jeder Fabrikleiter an seine Arbeiter. Bereits um zehn Uhr jenes schicksalhaften Freitagmorgens hatte Tel Aviv, die größte jüdische Stadt der Welt mit über 200.000 Einwohnern, geschäftig, aktiv, sauber, ehrgeizig, aufstrebend, nach vorne blickend und schwungvoll – ein Beverly Hills am Mittelmeer –, bereitwillig aufgehört zu atmen.

Ich ging durch die Menschenmenge. Die Luft war wie elektrisiert. Gerüchte und Angst machten sich auf den Straßen breit und schlugen mir entgegen wie die Hitze des aufgeheizten Asphalts: »Vielleicht ist mein Vater an Bord.« »Meine Schwester kommt ganz bestimmt.« »Mein Sohn hat gesagt, er würde auf dem nächsten Schiff sein.«

Tel Aviv sah aus wie ein Dinosaurier, der mitten in einer Bewegung verharrte. Busse blieben einfach auf der Straße stehen. Ich schaute kurz in meinem Hotel vorbei. Es hatte Meerblick, und so konnte ich sehen, daß über dem weißen Strand eine Fahne gehißt worden war, die ein Schwimmverbot anzeigte. Kurz zuvor hatten die vornehmsten Frauen und Männer Palästinas noch auf den prächtigen Veranden gefrühstückt. Nun waren all die eleganten Hotels verdunkelt, die Stühle zusammengestellt und die Fensterläden geschlossen.

Zwei britische Panzer bewegten sich langsam auf der Allenby Road vorwärts, blieben nahe beieinander, um sich gegenseitig Deckung zu geben. Ganz offensichtlich suchten sie die Konfrontation – und fanden sie, als Hunderte Männer und Frauen schrien: »Hier wird gestreikt. Ihr wollt unser Volk nicht landen lassen. Heute fährt hier kein Fahrzeug!« Sie stürmten auf die Straße und rannten vor die Panzer. Diese hielten an. Ein junger Soldat kroch aus einer Luke und stellte sich in den Gefechtsturm. Mit angsterfüllter Stimme schrie er in sein Walkie-talkie, um Verstärkung anzufordern.

An einer anderen Ecke wollte ein bärtiger Araber mit seinem Pferdewagen eine Kreuzung überqueren. Im Wagen saßen sein kleiner Sohn und seine Frau, die bis zu den Augen verschleiert war. Eine Gruppe Jugendlicher stürzte sich lautstark auf den Wagen, packte das Pferd am Kopf und begann, den Wagen zurückzudrängen. Einige ältere jüdische Männer schoben die Jungen beiseite, entschuldigten sich bei dem Araber und baten ihn auf arabisch weiterzufahren. »Wir kämpfen nicht gegen die Araber«, erklärte einer der Männer den enttäuschten Jugendlichen, »wir kämpfen gegen die Briten.«

Ein guter Freund hatte sich bereiterklärt, mich die 120 Kilometer nach Haifa mit dem Auto zu fahren. Sein Wagen stand vor dem Hotel, und wir beschlossen, sofort abzufahren, um noch rechtzeitig den Hafen zu erreichen und das Schiff ankommen zu sehen. Wir klebten unser großes Schild mit der Aufschrift *Presse* auf die Windschutzscheibe und fuhren genauso langsam wie die Panzer durch die überfüllten Straßen. Es war schlimmer, als einen Streikposten zu durchbrechen. Hier mußte man dem Willen eines ganzen Volks trotzen – in Tel Aviv gab es keine Streikbrecher. Wir hatten das Gefühl, ein Sakrileg zu begehen, so als brächen wir einen heiligen Eid. Die einzige Entschuldigung, mit der wir unser schlechtes Gewissen ein wenig beruhigen konnten, war die Tatsache, daß wir versuchten, das Schiff zu erreichen, für das diese Menschen hier ihre Stadt lahmgelegt hatten. Wir mußten diese Entschuldigung immer wieder gegenüber den Männern und Frauen wiederholen, die uns an Kreuzungen aufhielten und uns daran erinnerten, daß gestreikt würde. Ja, wir wüßten es, bestätigten wir und gaben an, daß die *Exodus 1947* bereits am Horizont aufgetaucht sei.

Im Kriegssommer 1944 wurde der Hafen von Neapel nicht so streng bewacht wie nun Haifa im Sommer 1947. Den ganzen Pier entlang war rostiger Draht gespannt. Panzer, Lastwagen, Jeeps, Militärpolizei, Geheimpolizei, Schutzmänner, Männer vom CID und etwa 500 Maschinengewehrschützen der 6. Luftlandedivision füllten den Hafen. Ständig kontrollierten uns MPs an stacheldrahtgesicherten Kontrollpunkten.

Die Helden von El Alamein und Tobruk warteten auf den Feind. Artilleristen der Luftlandedivision mit roten Uniformmützen leiteten die Operation und holten die Menschen von den illegalen Schiffen. Sie waren jung, geschmeidig bewegten sich ihre vom Drill gestählten Körper. Sie blickten entschlossen wie die Soldaten vor der Landung der Alliierten in der Normandie.

Ihr kommandierender Offizier, Major Cardozo, trug eine Sommer-Kampfjacke mit zwei Reihen Ordensbändern über seiner lin-

*Major Cardozo von der 6. Luftlandedivision grinst für die Kamera.
Er ist mit der Aufgabe betraut, 4.500 Flüchtlinge in Haifa von Bord
der Exodus 1947 zu holen. Er weiß, daß dies ein historischer Tag ist
und das Schicksal ihn auserkoren hat, nun ins Rampenlicht zu treten.
Er geht nicht, er tanzt über den Pier.*

ken Brust. Der Major war ein kleiner Mann, der sich streckte, um größer zu wirken. Sein Rücken war so gerade wie eine Brandmauer. Es gab bei ihm verdächtige Anzeichen für einen Bauchansatz, den er aber bemüht einzog. Er ging nicht – er tanzte.

Während er über den überfüllten Pier tänzelte, wirbelte er seinen Stock herum wie ein Tambourmajor. Die meiste Zeit umspielte ein zufriedenes Lächeln seine Lippen. Er hatte ein weiches, beinah kindliches Gesicht mit den zarten Lippen eines Säuglings, mit einem weichen Doppelkinn und überraschend kalten blauen Augen. Er sah aus wie ein Mann, der wußte, daß all dies ein großes Theater war, vielleicht der größte Zirkus, an dem er jemals zu Friedenszeiten teilnehmen würde, und daß das Schicksal ihn zum Zirkusdirektor auserkoren hatte. Er erzählte mir, daß er mit der Cardozo-Familie verwandt sei, die in den USA relativ bekannt ist, daß seine Familie während der Inquisition aus Spanien vertrieben worden und nach Holland gegangen war. Dort hatte man die Familienmitglieder verfolgt, da sie zum Katholizismus konvertiert waren, und so zogen sie schließlich weiter nach England.

Der Major ließ niemanden in den Hafen von Haifa, mit Ausnahme der Armee, der Marine und ausgesuchter Mitglieder der internationalen Presse, die zur Zeit eifrig damit beschäftigt waren, über die Anhörungen des *United Nations Special Committee on Palestine* zu berichten. Jedes Fischerboot im Hafen schien den Atem anzuhalten. An einem Pier lag die *Ocean Vigour*, eines der Gefangenenschiffe, auf denen die Flüchtlinge nach Zypern abtransportiert werden sollten, wie wir glaubten. An einem anderen Pier lagen zwei weitere Gefangenenschiffe, die *Runnymede Park* und die *Empire Rival*.

Auf dem überfüllten Pier herrschte Verwirrung. In der Mitte verliefen Gleise wie auf einem Rangierbahnhof. Dorthin hatte man eine Art *Arc de Triomphe* aus Stahl gerollt, der einen schwenkbaren Kran trug. Bedrohlich lag ein Stapel Maschinengewehre auf Krankentragen, als hätte man bereits Ursache und Wirkung durcheinander gebracht, und bald würden die durch diese Gewehre verwundeten Männer und Frauen auf denselben Tragen liegen.

Die Zeitungsleute mußten auf dem Pier bleiben. Wie eine Mauer standen die Soldaten zwischen uns und dem Dock, an dem das Schiff anlegen sollte. Nur die Fotografen und die Männer von der Wochenschau durften auf den stählernen Triumphbogen klettern, um näher an die Menschen heranzukommen. Major Cardozo warnte uns, daß alle, die dabei erwischt würden, wie sie mit den Flüchtlingen sprächen, unverzüglich entfernt würden. Er tänzelte weiterhin auf und ab und warf uns einzelne Informationsbrocken zu. »Die größte Menge, die hier je reingekommen ist«, sagte er. »Der Kampf begann heute morgen um vier ... in Hoheitsgewässern.« Darauf legte er Wert: »in Hoheitsgewässern«. »Viele Verwundete ... Sie behaupten, drei Tote. Sie haben das Schiff zuerst gerammt ... Sie haben sich widersetzt.«

Wir verstanden seine Freundlichkeit als Einladung, ihm Fragen zu stellen, wann immer er nur lange genug an einem Platz stehenblieb. Für uns war klar, daß diese Menschen nach Zypern gebracht würden, denn jeder sagte das, und außerdem war es das übliche Verfahren. »Wie ist es auf diesen Gefangenenschiffen?« wollte ich wissen und zeigte auf die *Ocean Vigour* und die *Runnymede Park*. »Dürfen wir einmal an Bord gehen?«

»Oh nein, nein, nein. Sie können nicht an Bord gehen. Aber die Bedingungen sind gut. Gut. Betten. Reichlich zu essen. Wasser, soviel sie trinken wollen. Nicht die *Queen Mary*, Sie verstehen. Aber anständig, mit allem, was sie für eine angenehme Überfahrt nach Zypern brauchen. Tut mir leid, Sie können es nicht sehen, aber ich gebe Ihnen mein Wort, daß die Bedingungen viel besser sind als auf diesen fürchterlichen Schiffen, mit denen sie nach Palästina kommen.«

Später, in Südfrankreich, sollte ich mich an dieses Gespräch erinnern.

Am Horizont fuhr die *Exodus* auf bewegter See. Wie ein Gefangener, der von Soldaten abgeführt wird, kämpfte sie sich durch das Wasser. Vorneweg fuhr der berühmte Kreuzer *Ajax*, 6.985 Tonnen schwer und stolz auf all die deutschen Schiffe, die er versenkt hatte. Dahinter folgte eine Reihe von Zerstörern.

Kurz vor vier Uhr nachmittags begann die Operation. Die königliche Marine seiner Majestät machte ihre Stahlhelme fest. Die königlichen Marineinfanteristen zogen sich die Hosen zurecht. Die Maschinenengewehrschützen und Fallschirmjäger standen in vollem Kampfanzug auf ihren Gefechtsstationen. Die *Ajax* und die Zerstörer blieben vor dem Hafen zurück.

Der Feind fuhr langsam ein, ein schwarzer, schäbiger, kaputter Dampfer, der von britischen Schleppern an seinen Platz gezogen wurde. Er hatte einen einzelnen schwarzen Schornstein. Vorn und achtern wehte die blau-weiße Flagge Zions an den Masten. Wir konnten den Namen nun ganz deutlich lesen:

          Hagana-Schiff
          Exodus 1947

Die schwer beschädigte Exodus *mit dem hohen Schornstein und der blau-weißen Flagge Zions mit dem Davidstern schleppt sich in den Hafen von Haifa. Die Stimmen der Menschen auf dem Schiff dringen zu uns herüber. Sie singen »Hatikva«.*

Während der Schlacht auf See kommen britische Soldaten und Marineinfanteristen mit Tränengasbomben, Gewehren, Helmen und Gummiknüppeln an Bord der Exodus. Die Flüchtlinge wehren sich mit Konserven, Kartoffeln und Stöcken. Gewehrfeuer und Tränengas, das in Kehlen und Augen brennt, erschreckt die Kinder. Bill Bernstein, einer der beliebtesten Offiziere an Bord, versperrt den Briten den Zugang zum Ruderhaus. Ein Marineinfanterist tötet ihn durch einen Schlag auf den Kopf; andere töten zwei jugendliche Waisen. Von den Flüchtlingen und der Crew werden mindestens 150 verwundet.

Die Stimmen Tausender von Menschen drangen zu uns an den Kai herüber. Sie sangen »Hatikva«, die hebräische Hymne der Hoffnung. Das Lied, das die Juden in jeder Notsituation und in jeder Krise sangen. Es war ihr Lied des Überlebens.

Das Schiff sah aus wie eine Streichholzschachtel, die von einem Nußknacker zerquetscht worden war. An der Seite klaffte ein quadratisches Loch, das an eine zerschossene Scheune erinnerte und den Blick auf ein zerfetztes Durcheinander aus Bettzeug, verschiedensten Habseligkeiten, Leitungen, gebrochenen Rohren, überlaufenden Toiletten, halbnackten Männern und nach ihren Kindern suchenden Frauen freigab. Viele Kabinen waren zerstört, Relings weggerissen, und die Rettungsboote hingen ganz schief an ihren Seilen.

Vor der Kulisse des zerstörten Decks stand ein blonder Mann mit dem traurigsten Blick, den ich je gesehen hatte. Sein ganzes Leben schien sich in seinen Augen widerzuspiegeln, die unter den blonden, beinahe farblosen Brauen tief eingesunken waren. Er trug keine Krawatte, und hatte seine zerfetzten Hosen über die nackten Knöchel gekrempelt. Sein zerrissenes Hemd stand weit offen. Er hatte die Arme ausgestreckt und hielt zwei kaputte Taue in den Händen. Das war Mordecai Rosman, einer der Anführer der *Exodus*.

Auf der Brücke standen britische Marineinfanteristen und Matrosen, die das Schiff unter ihre Kontrolle gebracht hatten. Einer der Marineinfanteristen trug einen Verband am Kopf. »Das da oben ist ein richtig harter Kerl«, erklärte einer der britischen Offiziere in meiner Nähe einem anderen Offizier, der offensichtlich noch neu war in diesem Geschäft. »Er ist immer der erste an Bord dieser illegalen Schiffe und der erste, der wieder von Bord geht. Eisenhart. Wenn er herunterkommt, hat er immer ein blaues Auge, eine blutende Nase oder einen verbundenen Kopf. Aber der kennt keinen Schmerz.« Der zweite Offizier lachte bewundernd.

Vom Dock her erklang eine Lautsprecherstimme und gab den Flüchtlingen, die sich nun an jeder Öffnung und jeder Luke zu unserer Seite hin drängten, Anweisungen in hebräischer Sprache: »Der kommandierende Offizier bittet Sie, ruhig von Bord zu gehen, Frauen und Kinder zuerst.«

Die Exodus 1947 *legt direkt vor mir an. Britische Zerstörer haben sie von beiden Seiten gerammt und die Wände des Promenadendecks in einen Trümmerhaufen verwandelt. Doch erstaunlicherweise bricht sie nicht auseinander. Sie sieht aus wie eine Streichholzschachtel, die von einem Nußknacker zerquetscht wurde.*

Soldaten schoben Gangways in die Löcher, liefen an Bord und übernahmen sofort das Kommando. Mehrere Bahren wurden herausgetragen. Als erste stieg eine blasse, kranke Frau eine Gangway hinunter, die sich am Arm ihres Manns festhielt. Sie trug einen großen Armeemantel, in dem sie wie eine Vogelscheuche aussah. Sie hatte weder ein Bündel noch irgendeine Tasche bei sich. Ihr Gesicht war fahl und eingefallen, ihre Augen waren eingesunken, ihre Lippen zitterten. Sie sah aus wie tausend Jahre Leiden.

Ein Junge mit großen erschrockenen Augen ging von Bord. Er trug seine Habseligkeiten in einem Kartoffelsack und hatte eine Decke über seinen Rücken gebunden. Ein Mann und ein Kind kamen herunter, Hand in Hand. Plötzlich riß sich der Junge los, lief die Gangway zurück und suchte seine Mutter. Er schluchzte verängstigt. Die Soldaten zogen ihn sanft wieder die Gangway hinab. Niemand durfte auf das Schiff zurückgehen.

Ein Mann, dessen düsterer Ausdruck seinen Hunger verriet, kam mit einer Aktentasche herunter. In seinem Mundwinkel steckte eine Zigarette. Darauf folgten Soldaten, die den toten Körper eines sechzehnjährigen Waisenjungen trugen, Hirsch Yakubovich, der aus dem DP-Waisenhaus im bayerischen Kloster Indersdorf gekommen war. Er war bei dem Kampf getötet worden. Dann brachten die Soldaten den amerikanischen Zweiten Maat von Bord, der lebensgefährliche Verletzungen erlitten hatte. Er war bewußtlos, und sein ganzer Kopf war mit Verbänden umwickelt. Sein dünner Körper steckte in einer kurzen Armeehose, ein Knie war angehoben mit der eleganten Leichtigkeit eines schlafenden Kindes.

Die Menschen kamen in kleinen Gruppen vorsichtig die Gangway herunter und liefen wie verschreckte Tiere auf dem Dock umher. Sie wirkten müde und angeschlagen, trauerten um ihre Toten und bangten um die Hunderten von Verletzten. Umringt von Truppen, die dafür sorgten, daß sie nicht nach Haifa entkommen konnten, machten sie die ersten Schritte auf der herbeigesehnten Erde. Erschöpft atmeten sie die Luft dieses Landes tief ein.

Viele weitere Flüchtlinge warteten immer noch auf dem Schiff, blickten hinter dem Durcheinander aus Bettzeug, Gepäck und Splittern hervor und schauten auf die Briten. Manche machten einen

Die weiße Ocean Vigour *(rechts), die die USA den Briten im Zweiten Weltkrieg zu Hilfe geschickt hatte, wartet darauf, daß die* Exodus *anlegt. Major Cardozo erklärt, die* Ocean Vigour *sei ein »Lazarettschiff« mit genügend Betten, Toiletten und Milch für Mütter und Kinder. Später, in Südfrankreich, als ich endlich an Bord eines der Gefangenenschiffe gelange, werde ich mich an diese Worte erinnern. Zwei weitere Schiffe dieser Art, die* Empire Rival *und die* Runnymede Park, *liegen in der Nähe vor Anker – zur Abfahrt bereit. Laut Cardozo werden sie die 4.500 Flüchtlinge von der* Exodus *in britische Internierungslager auf Zypern bringen. Doch statt dessen bringt man sie nach Frankreich und dann nach Deutschland.*

trotzigen Eindruck, anderen war der Haß ins Gesicht geschrieben; wieder andere standen einfach nur da wie Touristen.

Dann verließ eine Zeitlang niemand mehr das Schiff. Später erfuhr ich, daß die Soldaten in diesem Moment befürchteten, die Juden würden nicht friedlich von Bord gehen. So erklärten die Soldaten den Flüchtlingen, daß die *Ocean Vigour*, das erste der Transportschiffe, ein Lazarettschiff mit Milch für Mütter und Kinder sei. Nun gingen die meisten Kranken und die Familien an Land und wurden auf das »Lazarettschiff« oder in ein Krankenhaus in Haifa gebracht.

Britische Sanitäter helfen den Verletzten, die noch laufen können.

Auf dem Pier nahmen die Briten jedem Verletzten den Verband ab und untersuchten die Wunden, um sicherzustellen, daß nur die wirklich ernsten Fälle in der Stadt zurückblieben. Einige der Verletzten schrien vor Schmerzen, als man ihnen die Kopfverbände erst abnahm und dann wieder anlegte. Auf dem Dock wartete ein Sanitätswagen der britischen Armee. Wenn der Militärarzt mit dem Kopf nickte, wurde ein Patient auf eine der Tragen gelegt. Dieses

*Ein schwer verletzter Flüchtling wird von einem
mitfühlenden Soldaten und einem Freund gestützt.*

Lotteriespiel fand unter den Augen der Flüchtlinge und der Mitglieder der amerikanischen Crew statt, die sich nun selbst als Flüchtlinge ausgaben. Um in eines der Krankenhäuser von Haifa geschickt zu werden, mußte man mehr tot als lebendig sein.

Noch an Bord des Schiffs, das einst Ausflügler flußauf- und flußabwärts auf dem Chesapeake befördert hatte, händigten die Soldaten den 4.500 Flüchtlingen Handzettel in mehreren Sprachen aus,

Ganz links im Bild: ein Mann im weißen Hemd inmitten der Trümmer der Exodus. *Es ist Mordecai Rosman, einer der leidenschaftlichsten und mutigsten Anführer der Flüchtlinge, der als einer der letzten von Bord gehen wird.*

die sie darüber informierten, daß sie nach Zypern fahren und dort ihr Gepäck erhalten würden. »Haben Sie Ihre Aufkleber?« fragten die Truppen die Flüchtlinge immer wieder und gaben allen große Paketaufkleber, auf die sie ihre Namen schreiben sollten. Die Soldaten versicherten, daß bei korrekter Etikettierung alle ihr Gepäck bereits am nächsten Tag auf Zypern wieder bekämen.

Die Flüchtlinge gehen schließlich von Bord und betreten den Boden, von dem sie so lange geträumt haben. Doch dort besprüht man sie mit DDT und bringt sie umgehend auf die drei Schiffe, die angeblich nach Zypern fahren sollen.

Wieder setzte sich der langsame Zug auf der Landungsbrücke in Gang. Eine Frau mit großen grünen Augen und den hohen Wangenknochen einer ungarischen Schönheit kam hastig die Gangway herunter und schob einen Kinderwagen aus Bast vor sich her. Darin befand sich ein dreijähriges Kind mit den gleichen Gesichtszügen, mit den gleichen zigeunerartigen Augen und einer ebensolchen Haut.

*Eine Gruppe ungarischer Mädchen geht kichernd von Bord:
Erika Klein, links und halb verdeckt, daneben ihre Schwester
Rachel und rechts Lea Snitzer. Trotz aller Gefahren ist
die Reise für die Mädchen auch ein großes Abenteuer.*

Eine Gruppe jugendlicher ungarischer Mädchen kam herunter und kicherte. Fast alle trugen eine grüne Wasserflasche bei sich. Diese war gewissermaßen zum Symbol aller illegalen Einwanderer nach Palästina geworden. Denn es gab nie genug Trinkwasser, und so hatte man immer eine eigene Flasche dabei. Nun war sie das erste, was die britischen Soldaten den Flüchtlingen wegnahmen, als han-

*Ängstlich gehen die jüngeren Kinder auf dem Dock entlang.
Sie wissen nicht, was vor ihnen liegt.*

delte es sich um eine geheime Waffe. Jede einzelne Flasche wurde von den Briten zerschlagen, und bald war der Pier in der Nähe der Zollabfertigung mit Glasscherben übersät.

Jetzt begann der lange Marsch vom Flußdampfer zum Gefangenenschiff. Die Flüchtlinge liefen zwischen den Gleisen und unter dem britischen *Arc de Triomphe* hindurch, wo die Soldaten Spalier

Einige der Soldaten versuchen, die verängstigten Kinder zu trösten.

standen. Zuerst wurde ihr Handgepäck auf einem langen Tisch von Soldaten der 6. Luftlandedivision und dem CID gründlich durchsucht. Sämtliche Scheren, Messer, Rasierklingen und Füllfederhalter, die man ja als Waffen verwenden könnte, wurden konfisziert und nie wieder zurückgegeben. Ebenso verfuhr man mit Kameras, aus denen auch noch die Filme entfernt wurden.

Nur wenige besaßen einen Ausweis, manche hatten aber noch UNRRA-Karten, die ihren Status als »Displaced Persons« aus Felda-

Über 600 Jugendliche gehen nach und nach von Bord, meist in Gruppen von Gleichaltrigen.

fing oder Landsberg oder einem anderen Lager in Deutschland angaben. Sämtliche Ausweise wurden konfisziert. Ein Mann flüsterte mir verstohlen etwas zu. Ich hoffte, er würde mir in wenigen Worten erzählen, was geschehen war, Worte, die heimlich durch die Absperrkette der Wachen drangen. Doch er erzählte mir, was für ihn das wichtigste war: daß seine Mutter gleich dort oben auf dem Mount Carmel wohnte. Ob ich sie bitte sofort wissen lassen könne, daß ihr Sohn mit der *Exodus* angekommen und unversehrt sei und ihr von Zypern schreiben würde? Dann verlor er alle Furcht und schrie die Adresse heraus, bis die Briten kamen und ihn fortzogen.

Der Reporter der *Davar* versuchte mit jemandem durch eine kleine Lücke in der Absperrung zu sprechen, dort, wo für einen Moment kein Soldat stand. Doch Major Cardozo bemerkte mit gewohnter Schnelligkeit, was da geschah, vergaß seine Würde und seinen Stock, rannte zu dem Zeitungsmann und packte ihn am Arm. Sein Kindergesicht glühte rot wie ein Hummer. Er rief zwei MPs, befahl ihnen, den Zeitungsmann sofort vom Dock fortzubringen und gab allen MPs an den Toren die strenge Anweisung, diesen Mann unter keinen Umständen nochmals auf den Pier zu lassen.

Die Hitze wurde schlimmer. Die Soldaten wurden matt und ließen ihre Zigaretten lustlos in den Mundwinkeln hängen. Die Geräusche und Gerüche auf dem Pier erinnerten mich an das Schicksal der Tiere in einem Chicagoer Schlachthaus. Das Vieh bewegte sich langsam entlang der Gleise.

In dem Zug unter dem *Arc de Triomphe* erschienen neue Gesichter und neue Arten von DPs, aber alle verschmolzen allmählich zu einem einzigen Gesichtsausdruck voller Müdigkeit und Verzweiflung. Die Qual, die für sie mit dem Krieg begonnen hatte, wurde um einen weiteren historischen Tag verlängert, um in ihrer Erinnerung einen Platz neben den Tagen der Besatzung, dem Tag der Befreiung und nun auch dem lang ersehnten Tag der Ankunft im Heiligen Land zu bekommen.

Die kleinen Kinder sahen weiterhin ernst und still und alt aus, so als hätten sie niemals eine andere Welt außer dieser gekannt und könnten auch dies mühelos ertragen. Doch bei den älteren Menschen machte sich Panik breit, als sie die hohen Stapel aus Stofftaschen, Kartoffelsäcken, Aktentaschen und Rucksäcken sahen, worin sie all ihre irdischen Güter verstaut hatten. Immerfort zeigten sie auf den Stapel und baten die Soldaten, sie ihre Habseligkeiten suchen zu lassen. Doch die Soldaten schoben sie einfach weiter.

Währenddessen warfen Soldaten immer noch Gepäck aus den Bullaugen der *Exodus*. Ein lauter, qualvoller Schrei ertönte, als eine der Taschen den Stapel verfehlte und für immer im Meer versank.

*Die irdischen Güter der DPs stapeln sich am Pier.
In Zypern, so versichern die Briten den Flüchtlingen,
bekämen sie ihre Habseligkeiten zurück.*

Immer wieder explodierten Wasserbomben. Die Briten wollten sichergehen, daß niemand unter Wasser ihre Arbeit sabotierte. Major Cardozo tänzelte auf und ab. Die heiße Sonne brannte unbarmherzig, und die Flüchtlinge, die alles bei sich trugen, was sie aus ihren Taschen hatten retten können, standen schweißgebadet da. Sie wischten sich die Gesichter mit schmutzigen Händen und warteten darauf, an Bord der Gefangenenschiffe gebracht zu werden.

Niemand weinte. Niemand beschwerte sich. Manche gingen langsam, schlurften dahin wie Schlafwandler.

Die Flüchtlinge schauten hinauf zum Mount Carmel und schienen zu sich selbst zu sagen: *Dies ist mein Land. Bald wird es für immer mein sein. Sie bringen uns nur nach Zypern. Dort werden wir ein oder zwei Jahre verbringen müssen. Aber dann kehren wir zurück, mit Visa. Und zwar für immer.*

Inmitten dieser unwirklichen Welt gab es zweierlei Wirkliches: die Familie und die wenigen Habseligkeiten. Die Familie war vielleicht nicht einmal eine aus Blutsverwandten: Vielleicht war es eine Familie, die im Konzentrationslager entstanden war oder unterwegs auf der Straße; vielleicht auch an einer der Grenzen, über die sie der gemeinsame lange Exodus geführt hatte. Doch ob es nun die eigene Familie war oder eine, die sich zusammengefunden hatte – die Menschen fürchteten zutiefst, sie zu verlieren.

Und nun traf sie genau dieser Schrecken: Sie wurden von den Soldaten getrennt, Männer von Frauen. Man schickte sie in »Durchsuchungsverschläge«, in Baracken, deren Wände aus Sackleinen und Brettern bestanden. In ihrer unwirklichen Erfahrungswelt konnte Trennung nur eins bedeuten: den Tod.

Sie waren in ihren Städten von der SS getrennt worden, und dies hatte Deportation und Tod bedeutet. Sie waren in Auschwitz, Dachau und Treblinka getrennt worden, und dies hatte die Gaskammern bedeutet. Nun wurden sie erneut getrennt. Einige schrien, einige versuchten die Soldaten abzuwehren, einige klammerten sich an ihre Familien. Doch sie wurden getrennt, meist sanft, manchmal auch grob, je nachdem, welcher Soldat oder Polizist zugange war.

Vier arabische Frauen – eine von ihnen hatte ein großes Loch in der Ferse ihres schwarzen Baumwollstrumpfs – durchsuchten die Frauen. Wir durften bei den Vorgängen im »Durchsuchungsverschlag« nicht dabei sein, aber die Polizistinnen in Haifa hatten keinen guten Ruf. Die Männer wurden in einem separaten Verschlag von Soldaten und Polizisten durchsucht. Als sie wieder herauskamen, knöpften sie sich ihre Hosen zu. Ein paar grinsten blöde, als hätte man sie dabei erwischt, wie sie aus einem Bordell kamen.

Noch immer fand die Trennung der Menschen und der damit verbundene Schrecken kein Ende. Denn nun mußten die Flüchtlinge die Gleise entlang zu den DDT-Verschlägen gehen. Es war die Zeit des DDT-Insektenpulvers, das allem, was krabbelte, den Tod brachte. Soldaten sprühten das mehlartige Puder auf ihre Köpfe, in ihre Hemden, unter die Hosen und Röcke und über die Beine.

Inzwischen war es zum Ersticken heiß geworden. Die Babys, die unglaublich still gewesen waren, begannen zu schreien. Viele Männer wirkten benommen, wie kurz vor dem Kollaps, als die Soldaten mit den roten Uniformmützen sie den letzten Kilometer vorwärts schoben. Einzelne Familienmitglieder, die für die Durchsuchungen getrennt worden waren, wurden zu verschiedenen Transporten gebracht. Man versicherte ihnen, daß sie am nächsten Tag auf Zypern wieder vereint sein würden.

Die Nacht auf der zerstörten und besiegten *Exodus* war jedoch unendlich viel schlimmer als der Tag. Erschöpft und hungrig gaben die meisten Menschen das Schiff auf. Hunderte kamen in großer Eile an Land und warteten, die verschwitzten Körper dicht aneinandergedrängt, an einem Ende des Kais. Die Soldaten mußten immer wieder ohnmächtige Männer und Schwangere in ein schwach beleuchtetes Erste-Hilfe-Zelt der Armee am Eingang des Docks tragen. Die Menschen wurden behandelt und gingen dann zwischen zwei Soldaten die Gleise entlang.

Ich verließ das Dock, um einen Artikel einzureichen, und kehrte erst um Mitternacht zurück. Die Stimmung am Kai hatte sich verändert. Die Menschen hatten jetzt den Blick nach innen gekehrt. Niemand sah mehr zum Mount Carmel hinauf. Grelle blaue und grüne Suchscheinwerfer verbreiteten eine unheimliche Stimmung und tanzten über die namenlose, brütende Masse der Menschen und über das verwundete Schiff, das bald zum Friedhof der illegalen Schiffe geschleppt werden würde.

Es wirkte beklemmend, wie die Lichter einzelne Teile menschlicher Körper herausgriffen – nackte Füße, zerrissene Kleider, bandagierte Arme und Köpfe, Gesichter, die vor Schweiß glänzten und düster waren vor Groll und Trauer. Diese letzten Menschen, die die *Exodus* verließen, waren die Kämpfer, die Philosophen, die Ideologen, die Anführer, diejenigen, die sich mit der größten Verzweiflung an das Schiff geklammert hatten und an die, wie sie wußten, sinnlose Hoffnung, bleiben zu können.

Es war nun leichter, mit den Menschen zu sprechen, aber sie waren zu hungrig, um viel zu sagen. Sie hatten seit beinah 30 Stunden nichts mehr gegessen, seit dem gestrigen Abendessen um sieben Uhr.

Der Kampf war vorüber. Für einige hatte er schon um neun Uhr geendet, als die *Ocean Vigour*, das »Lazarettschiff«, fertig beladen war und auslief. Die nächste Gruppe, die die Niederlage hinnehmen mußte, hatte Haifa um fünf Uhr vierzig am Morgen mit der *Runnymede Park* verlassen. Die letzten Menschen von der *Exodus* fuhren auf der *Empire Rival*.

Allein die zerstörte Hülle des Ausflugsdampfers blieb einsam am Dock zurück, nur von ein paar Soldaten bewacht.

* * *

Zurück in der Bar des *Savoy Hotels*, wo sich die Presse einquartiert hatte, erzählte uns ein junger amerikanischer Prediger, der als gewöhnlicher Seemann auf dem Schiff mitgereist war und als Küchenhilfe gearbeitet hatte, die Geschichte von der Schlacht. Auf den linken Ärmel seines khakifarbenen Hemds war eine amerikanische Flagge genäht. Es war schmutzig und stand offen, auf seiner nackten Brust hing ein zierliches Kreuz. Er war von der Sonne gebräunt, rote Äderchen durchzogen seine großen blauen Augen. Sein blondes Haar fiel über die Stirn und war an den Seiten und am Hinterkopf glattgekämmt wie das Haar eines Puritaners. Ihn umgab eine gewisse romantische Jugendlichkeit, und obwohl er 29 war, hätte ich es ihm ohne weiteres geglaubt, wenn er sich für 19 ausgegeben hätte. Er sagte, er sei John Stanley Grauel aus Worcester in Massachusetts, Korrespondent für *The Churchman* und Mitglied des *American Christian Palestine Commmittee*. Er sei es gewesen, der am Morgen von Bord der *Exodus* in *Die Stimme Israels* gesprochen hatte. Wir erkannten seinen für Neuengland typischen Akzent.

Aufgeregt preßte er die Worte hervor, als käme er mit einem ersten Augenzeugenbericht von einem Schlachtfeld gelaufen. Er begann mit verworrenen, abgehackten Sätze. Dann wurden seine Worte klarer. Allmählich lief die ganze Geschichte wieder wie ein Film vor seinen Augen ab, die Geschichte des seltsamen Seegefechts, das sich fünf Zerstörer und die *Ajax* mit einem einstmals eleganten kleinen Küstendampfer geliefert hatten.

Die Geschichte der *Exodus* hatte in Amerika begonnen, denn das Schiff war ein amerikanischer Ausflugsdampfer und die Crew bestand aus GIs, Seeleuten und Angehörigen der Handelsmarine.

Das Leben des Schiffs hatte sich, wie in einem klassischen Theaterstück, in drei Akte gegliedert. Der erste Akt begann in Karnevalstimmung, als die spätere *Exodus* in Wilmington in Delaware im September 1927 auf Kiel gelegt wurde. Sie war das Flagschiff der *Old Bay Line* und einer der letzten kleinen Dampfer der Binnenschiffahrt, der 400 Ausflügler, Hochzeitsreisende, Spieler, Geschäftsleute und Vergnügungssüchtige auf nächtlichen Fahrten von Baltimore nach Norfolk entlang der Chesapeake Bay beförderte.

In festlichem Weiß gestrichen und mit ihren romantischen Balkonen, ihren Einzelkabinen für vornehme Gäste, insbesondere aus dem alten Süden, sowie einem eleganten Ballsaal war sie das Werk eines reichen Bürgers aus Baltimore namens Solomon Davies Warfield. Warfield war Präsident einer Eisenbahnlinie und einer Dampfschiffahrtsgesellschaft; und er war der Onkel der Herzogin von Windsor, Wallace Warfield Simpson, jener amerikanischen Frau, für die König Edward VIII. auf seinen Thron verzichtete. Warfield starb, kurz bevor das Schiff vom Stapel lief. Ihm zu Ehren taufte man es *President Warfield*.

Der zweite Akt begann mit feierlichem Ernst im Zweiten Weltkrieg. Im Jahr 1942 wurde der kleine Dampfer, in tarnendem Grau gestrichen und mit Geschützen versehen, der britischen Regierung übergeben. Er war nun als britisches Schiff registriert und fuhr unter britischer Flagge – eine ironische Wendung, wie sich später, im dritten Akt, zeigen würde. In einem Konvoi großer, majestätischer Schiffe, den U-Booten der Nazis ausweichend, trotzte er den Wellen des Atlantiks. Er war an der Landung der Alliierten in

Frankreich beteiligt, indem er Proviant und Munition zum Landekopf in der Normandie brachte.

Am Anfang des dritten Akts kehrte das Schiff zurück nach Baltimore, um dort verschrottet zu werden. Doch im November 1946 erwachte es zu neuem Leben, als es von den Amerikanischen Freunden der Hagana, der jüdischen Befreiungsarmee, für 40.000 Dollar gekauft wurde. Es sollte Geschichte machen, und Juden auf dem von ihnen als *Alija Bet* bezeichneten Weg aus Europa bringen. Gemeint war damit die Immigration, der sogenannte Aufstieg. Es sollte das größte Schiff werden, das in der geheimen Flotte Flüchtlinge mit dem Ziel Palästina beförderte und dann tatsächlich auch so weit kam. Fast schon in Sichtweite zur Küste des Heiligen Lands malte die Crew das Schild mit der Aufschrift:

> Hagana-Schiff
> *Exodus 1947*

Sie nannten es *Exodus 1947*, denn sie vermuteten, daß ihm womöglich ein Platz in der Geschichte zustehen und sein Name einmal zusammen mit den anderen großen Auszügen der Juden genannt werde.

Die Crew hatte sich als Ausdruck des Protests anheuern lassen, empört darüber, daß Juden, von denen sechs Millionen hatten sterben müssen, immer noch unter so unwürdigen Verhältnissen in DP-Lagern leben mußten und daß die Briten ihnen den Weg nach Palästina versperrten.

Die 35 amerikanischen Crewmitglieder unterstanden nur einer Handvoll palästinensischer Juden. Doch diese hatten für die Rettung von Juden sowohl beim *Palmach*, dem militärischen Arm der Hagana, als auch beim *Paljam*, ihrer Seestreitkraft, eine harte Ausbildung durchlaufen. Die Männer des Paljam versuchten, den Amerikanern an Bord die Notwendigkeit der Geheimhaltung klarzumachen. Für sie war die Geheimhaltung beinah so etwas wie ein heiliger Eid. Immer wenn sie in einer Hafenstadt waren, legten die Mitglieder des Paljam den Finger auf die Lippen und flüsterten »Seid still!« – wußten sie doch, daß die Briten überall Agenten hatten und die Jungs möglicherweise zuviel trinken würden. Die Amerikaner fanden das zu komisch und nannten die Juden aus Palästina bald die »Pst-pst-Jungs«.

Der Kapitän der *Exodus* war Ike Aronowitz, ein kleiner, drahtiger Zweiundzwanzigjähriger, der wie ein Teenager aussah. Er benahm sich wie ein gewitzter Straßenjunge, der viel von der Schiffahrt verstand. Er war in Polen geboren, hatte das Land jedoch schon als Kind verlassen und war mit 16 der ersten Klasse des Paljam beigetreten, als sich die Seestreitkräfte gerade im Aufbau befanden. Er fuhr zunächst auf Frachtschiffen und studierte dann in London auf einer Seefahrtsschule. Mit 21 Jahren wurde er in der britischen Handelsmarine zum Dritten Maat ernannt. In London traf er auch Shaul Avigur, den Kopf des Alija Bet, der von ihm so beeindruckt war, daß er Ike zum Kapitän der *Exodus* bestimmte. Ike war überrascht, aber er schwor, daß er die 4.500 Überlebenden heim nach Eretz Israel bringen würde. Seine Identität wurde absolut geheimgehalten, damit die Briten ihn nicht als den Verantwortlichen für dieses sogenannte illegale Schiff verhaften konnten.

An Bord der *Exodus* war auch Yossi Harel, ein großer, imposanter Mann. Er kam vom *Mossad*, dem gerade entstehenden israelischen Geheimdienst. Jahre später trug er zur Gefangennahme Adolf Eichmanns in Argentinien bei. Er kam in Portovenere in Italien hinzu und fungierte als eine Art Kommandant und Lehrer, der Regeln aufstellte, aufmunternde Reden über die Lautsprecheranlage hielt und die Flüchtlinge regelmäßig darüber unterrichtete, wie weit sie auf ihrer gefährlichen Reise schon gekommen waren. Mit seinen 29 Jahren war er schon ein alter Hase im Schmuggeln von Flüchtligen. Er war bereits auf einem anderen illegalen Schiff mitgefahren und hatte gegen britische Seeleute gekämpft, die ihn gefangennahmen und nach Zypern schickten.

Am 10. Juli 1947, an dem Morgen, als 4.500 Flüchtlinge in Sète in Südfrankreich an Bord des Schiffs geklettert waren, um ihre Reise anzutreten, begrüßte Yossi sie über die Lautsprecheranlage. »Meine lieben Brüder und Schwestern, dieser Tag ist ohne Zweifel ein großer Tag für alle von uns. Heute ist es uns gelungen, 4.500 Juden nach Eretz Israel zu schicken. Unser Schiff ist das größte Einwandererschiff in der Geschichte der zionistischen Bewegung.«

Dann stellte er die Juden aus Palästina mit ihren Decknamen vor, die sie für den Fall angenommen hatten, daß sie gefangengenommen würden. Yossi selbst nannte sich Amnon. Kapitän Ikes richtiger Name war Yitzchak, doch sein Deckname Ike paßte so gut, daß er sich auch heute noch so nennt. Jeder aus der Begleitgruppe übernahm eine ganz spezielle Aufgabe. Tsvi Katsenelson, Deckname Miri, war für Lebensmittel und Wasser verantwortlich. Micha Perry, Deckname Gad, war für Disziplin und Sicherheit verantwortlich. Auch sollte er die Menschen auf den Kampf vorbereiten, den man für unausweichlich hielt. Azriel Enaf, Deckname Barak, war für die Kommunikation mit Jerusalem und den Büros des Mossad in Europa zuständig. Er überwachte die Lautsprecheranlage. Das beliebteste Mitglied der Gruppe war unter ihrem Vornamen bekannt: Sima. Sima Schmucker, eine warmherzige, mitfühlende Frau, kümmerte sich um die medizinischen Belange, insbesondere übernahm sie die Versorgung der Schwangeren und der Kinder. Während des Gefechts auf See verließ sie kein einziges Mal das Deck und arbeitete eng mit Dr. Cohen zusammen, dem leitenden Arzt unter den Flüchtlingen, verband Kopfwunden, behandelte Verbrennungen und beruhigte verängstigte Kinder.

Vier der palästinensischen Juden hatten in den vergangenen zehn Monaten drei- oder viermal an der regelmäßig stattfindenden geheimen Flucht teilgenommen. Ein junges Mädchen war zum ersten Mal dabei und sollte sich später in der israelischen Armee als Kampfoffizier auszeichnen.

Über die Lautsprecheranlage stellte Yossi den Flüchtlingen die amerikanische Crew vor. »Die Seeleute und Arbeiter auf diesem Schiff«, sagte er, »sind allesamt junge Juden aus Amerika, die alles zurückgelassen und sich freiwillig gemeldet haben, nicht um irgendwelche Prämien zu kassieren, sondern um Juden nach Eretz Israel zu bringen.«

Der amerikanische Erste Offizier, der Erste Maat, war der vierundzwanzigjährige Bernard Marks aus Cincinnati. Bernie, hochgewachsen und dünn, mit dem Aussehen eines College-Basketballspielers, war ein freundlicher und bescheidener, brillanter Seemann, ein fast schon heiliges Vorbild für die amerikanische Crew. Er war Mitglied der *Masters, Mates and Pilot's Union* und besaß ein Kapitänspatent. Er war bereits auf einem Schiff des Alija Bet gefahren und sich der Gefahren wohl bewußt, als britische Zerstörer die *Exodus* verfolgten.

Der Zweite Maat war Bill Bernstein, 23, geboren in Passaic in New Jersey, wo er eine staatliche Schule besucht hatte. Er war nach Brooklyn, dann nach San Francisco gezogen. Dort hatte er die Zurückstellung vom Kriegsdienst abgelehnt, die ihm als Medizinstudent im ersten Semester angeboten worden war. Er hatte seinen Abschluß an der *U.S. Merchant Marine Academy* in Kings Point in Long Island gemacht und war dann Leutnant zur See bei der US-Marine geworden. Der rothaarige, stets lächelnde, feinfühlige Bill war der beliebteste Mann der Crew.

Der Dritte Maat, Cyril Weinstein aus Brooklyn, hatte ein steifes Bein – die Folge einer Erkrankung an Kinderlähmung – und zum Ausgleich besonders kräftige Muskeln in Schultern und Armen entwickelt. Er war groß und breit, und sein offenes Gesicht, sein breiter Kiefer und sein unkompliziertes Lächeln verliehen ihm den Ausdruck eines Roosevelt. Zunächst hatte er bei der Handelsmarine Dienst getan, um dann, noch während des Krieges, Bildhauerei in der *Arts Student League* in New York zu studieren. Cy war 22.

Schließlich gab es noch Dov Miller, ebenfalls 22 und auch aus Brooklyn, ein geborener Anführer und Veteran von Okinawa, der schon von klein auf Zionist gewesen war. Darin unterschied er sich von vielen anderen, die sich erst für Juden interessierten, als Hitler die meisten von ihnen ermordete und die Briten dem Rest von ihnen die Heimkehr verwehrten.

Im Januar 1947 versammelten sich die amerikanischen Jungs in Baltimore, wo der ausgebesserte Dampfer für eine erneute Atlantiküberquerung gerüstet worden war. Am 25. Februar kamen Freunde der Hagana von Washington und New York. Sie überreichten eine seidene Flagge Zions für das Schiff, jedes Crewmitglied erhielt einen Pullover, eine Bibel und einige Bücher, und dann stach die *President Warfield* in See und nahm Kurs auf Europa.

Doch mitten auf dem Atlantik geriet sie in einen Hurrikan, der ihr so sehr zusetzte, daß die Jungs SOS funken mußten. Ein Schiff der US-Küstenwache begleitete die *President Warfield* zurück nach Amerika, das sie immerhin mit eigener Maschinenkraft erreichte. Noch einmal arbeiteten die Jungs an dem Schiff, dann legten sie abermals ab. Sie erfuhren, daß das britische Außenministerium mittlerweile ein eigenes Spionageamt mit dem Namen *Illegal Jewish Immigration* (IJI) eingerichtet hatte sowie ein Netzwerk von Agenten, das den ganzen Globus umspannte, um den Strom nach Palästina aufzuhalten. Auf den Azoren hörten die Jungs, daß die Briten die portugiesischen Hafenbehörden davor gewarnt hatten, ihnen Treibstoff oder Wasser zu verkaufen. Der Crew gelang es, beides zu bekommen. Dann fuhr sie weiter nach Marseille in dem Bestreben, die Briten zu überlisten. Das nächste Ziel war die malerische Hafenstadt Port-de-Bouc, wo die Jungs zunächst blieben, bis sie sich entschlossen, nach Italien zu fahren, um das Schiff gründlich auseinanderzunehmen und für das endgültige Ziel zu rüsten.

»Wir hatten den Plan«, erklärte mir Bernie Marks über 50 Jahre später, »nach Süden zu fahren, vor die Nordküste Ägyptens, dann Kurs nach Norden zu nehmen und direkt vor palästinensischen Gewässern zu bleiben – immer in internationalen Gewässern, bis wir auf die Höhe von Tel Aviv kommen würden. Tel Aviv ist bekannt für seinen sanft ansteigenden Strand. Dort wollten wird hart steuerbord halten und das Schiff mit einem Mal auf den Strand setzen.«

Es war geplant, daß der Palmach mit einigen Hundert Leuten am Strand bereitstehen würde, um die Flüchtlinge so schnell wie möglich vom Schiff zu holen und auf die ganze Stadt zu verteilen, so als wären sie allesamt Bürger Tel Avivs. Sie hatten ein gutes Gefühl bei ihrem Plan.

In Italien gingen sie in Portovenere vor Anker, der wunderschönen Hafenstadt bei La Spezia, wo sie alles vom Schiff entfernten, das nicht unbedingt notwendig war. Sie verkauften, was sie nicht mehr benötigten, und bauten überall, wo nur Platz war, Holzkojen ein. Einige der Etagenbetten waren nur 150 oder 180 cm hoch, so wie die Holzbetten in den Todeslagern, aber niemand beschwerte sich. Diese Kojen waren für das Leben, nicht für den Tod bestimmt.

Außenminister Bevin zeigte sich unerbittlich und übte Druck auf die italienische Regierung aus, um diesen Zug nach Palästina aufzuhalten. So ankerte eines Nachts ein Tender der italienischen Marine, der der Crew wie ein Kanonenboot erschien, vor dem Bug der *President Warfield*. Damit saßen sie fest, denn sie mußten annehmen, daß die Italiener auf sie feuern würden, wenn sie sich bewegten.

Sie verbrachten sieben Wochen in dem italienischen Hafen, vier davon, ohne an Land gehen zu dürfen. Jeden Tag ruderten italienische Mädchen zu dem ehemaligen Ausflugsschiff und neckten die Jungs, die über der Reling hingen. Alle in der Crew hielten diese italienischen Mädchen für die schönsten auf der ganzen Welt. Bill Bernstein rettete die Crew davor, vor Langeweile verrückt zu werden. Jede Nacht gab er eine Vorstellung, am liebsten eine Parodie von Harpo Marx, als Perücke verwendete er einen Mop.

Während sie in Portovenere gefangen waren, kämpfte eine Frau um ihre Freilassung. Die Frau war Ada Sereni, eine kleine, vierzigjährige italienisch-jüdische Schönheit, die für alle Operationen des Alija Bet in Italien zuständig war. Ada war die Witwe Enzio Serenis, der in Italien als Held verehrt wurde. Er war mit dem Fallschirm hinter den deutschen Linien abgesprungen, in Gefangenschaft geraten und von den Deutschen gefoltert und getötet worden. Aus Dankbarkeit für seine Tapferkeit waren die Italiener bereit, alles zu tun, was seine Witwe verlangte. Es dauerte eine Zeit, doch schließlich drehte der Tender so weit bei, daß die *President Warfield* vorbeischlüpfen konnte.

Sie fuhren wieder nach Marseille, um dort Öl an Bord zu nehmen und die Holzkojen einzubauen, die sie in Italien angefertigt hatten. Von dort ging es zurück nach Port-de-Bouc, wo sie etwa eine Woche verbrachten, um das Schiff noch weiter auf seine riskante Fahrt durch die britische Blockade vorzubereiten. Schließlich stachen sie in Richtung Sète in See.

Am 10. Juli war D-Day. »Sie hätten die Reihe von Lastern sehen sollen, die die Straße herunterkamen«, erklärte mir Nat Nadler, der

Elektriker an Bord. »Sie kamen aus den DP-Lagern ganz Europas, wie Militärkolonnen, die sich vor einer Schlacht versammeln. Ich werde diesen Anblick nie vergessen.«

Von morgens früh bis spät in den Abend luden sie ihre Passagiere aus: 4.500 Menschen aus allen Ecken Europas, aus den DP-Lagern in Deutschland, Polen, Ungarn und Rumänien, aus Belgien, Frankreich und Italien, sogar aus Marokko – Juden, die entschlossen waren, Europa und die Erinnerung an den Nazismus für immer hinter sich zu lassen.

Doch Ernest Bevin, Großbritanniens Außenminister, hatte es sich zur feierlichen Aufgabe gemacht, die *Exodus* zu stoppen. Die Jungs erfuhren, daß er in Paris gegenüber dem französischen Außenminister erklärt hatte, die *Exodus* müsse im Hafen festgehalten werden. Unter keinen Umständen dürfe man ihr erlauben, den Hafen zu verlassen.

Die Crew brachte auch in Erfahrung, daß die Franzosen unter diesem Druck ihr Schiff am nächsten Tag beschlagnahmen wollten und gedroht hatten, jeden französischen Lotsen festzunehmen, der versuchen würde, ihnen zu helfen. Es hieß also: Heute nacht oder nie. Sie bestachen einen Lotsen mit einer Million Francs. Dieser erklärte ihnen, er würde versuchen zu kommen. Doch wenn er bis zwei Uhr morgens noch nicht da wäre, würde er überhaupt nicht mehr kommen.

Die Jungs saßen aufrecht in der Kajüte des Kapitäns aus Palästina, tranken Kaffee, gingen an Deck auf und ab und hielten nach dem französischen Lotsen Ausschau. Konnten sie es riskieren, ohne Lotsen und Schlepper auszulaufen? Um ein Uhr dreißig zog sich Bernie Marks, der amerikanische Erste Maat, bis auf die Unterwäsche aus, sprang vom Schiff, schwamm durch das dunkle Wasser und löste, bis auf je eine, alle Ankerketten und Trossen. Er kehrte zum Schiff zurück. Um zehn Uhr morgens, als es endgültig sicher war, daß der französische Lotse nicht mehr kommen würde, lichteten die Jungs den Anker. Sie zerbrachen drei Äxte bei dem Versuch, die stählerne Ankerkette achtern zu durchtrennen.

»Am Freitag, dem 11. Juli«, erzählte mir Bernie Marks, der Erste Maat, »mußten wir ohne die Hilfe eines Schleppers oder Lotsen auslaufen, denn der französische Lotse hatte sein Wort nicht gehalten.«

Ein einhundert Meter langes Schiff ohne einen Schlepper oder Lotsen aus einem Hafen von beinahe gleicher Größe zu steuern, schien nahezu unmöglich. Sie versuchten nach rechts zu drehen und scheiterten. Sie fuhren zu weit nach hinten in den Hafendamm. Bei dem Versuch loszukommen, blieben sie zweimal im Morast stecken. Sie brachten das Schiff wiederholt in Bewegung, rissen sich los und kamen schließlich doch durch den Kanal.

Draußen auf dem Mittelmeer erwartete sie eine ungebetene Eskorte. Ein Schiff seiner Majestät, die *Mermaid*, eine Fregatte, patrouillierte in ihrem Revier außerhalb des Hafens wie ein riesiger Polizist in dunkler Nacht. Die *Mermaid* nahm sofort die Verfolgung auf. Fast jeden Tag kamen neue Zerstörer hinzu und schlossen sich der Jagd an. Aus Malta und von anderen Militärbasen im Mittelmeer kamen Schiffe, die sich regelmäßig gegenseitig ablösten, wie bei einem großen Kampfverband. Die *Exodus* war ein Hase, der mit einer Meute von Wolfshunden spielte und die Jagd sogar genoß. Wenn die Wolfshunde näher kamen, sangen die Amerikaner über ihre Lautsprecheranlage »The Yanks are coming«. »Pomp and Circumstance«, das den Briten so teuer war, wurde jedesmal zum Slogan des Schiffs, wenn ein Zerstörer längsseits kam, um die Geschwindigkeit der *Exodus* zu überprüfen und den Angriff zu planen.

Manchmal, wenn die Briten sehr nahe kamen, erklärten sie den Passagieren über Megaphon:

»*Wir vermuten, daß Sie nach Palästina fahren. Das ist illegal.*«

»*Falls Sie in Palästina einlaufen, sind wir gezwungen, an Bord zu kommen und Sie festzunehmen.*«

»*Bitte leisten Sie keinerlei Widerstand. Wir besitzen überlegene Streitkräfte, hier und in Palästina, um unsere Mission zu erfüllen. Falls nötig, werden wir Gewalt anwenden, um an Bord zu kommen, aber Sie werden medizinisch versorgt werden.*«

Diesen letzten Satz fanden die Amerikaner am komischsten: ein humanitäres non sequitur. Die Jungs amüsierte es auch, als die Briten erklärten: »Uns stehen noch mehr Streitkräfte zur Verfügung.« Als ob der Dampfer die fünf Zerstörer besiegen könnte und die Briten Reserven herbeibringen müßten. Manchmal war die Antwort auf dem Schiff ein seltsames Geschrei, das im Großraum von New York als der »Bronx cheer« bekannt war. Aber die Briten hörten es nicht. Zwei Tage vor der erwarteten Ankunft beschloß die Crew, die Warnungen der Briten nicht länger zu ignorieren. Daraufhin schrieben sie mit dem Flaggenalphabet schlicht und einfach zwei Worte: *Vielen Dank*. Dies erschien ihnen als treffende amerikanische Ironie.

Jede Nacht saß die amerikanische Crew in einer der Mannschaftskajüten und diskutierte über die Schlacht, die sicher kommen würde, noch ehe sie Haifa erreicht hätten. »Einer von uns«, sagten sie dann, »wird sicherlich getötet werden.« Jemand sagte: »Es müßte Ritzer sein. Er war bei den Marines. In ihm steckt immer noch Blei von Guadalcanal. Das gäbe eine gute Story.« Jemand widersprach. »Nein, es müßte Bill Bernstein sein. Er war Offizier bei der Navy. Das wäre wirklich was.«

»Ich hab tatsächlich das Gefühl, daß ich es sein werde«, sagte Bill.

Niemand sagte etwas.

Auf dieser Reise begann die amerikanische Crew mehr über die Bedeutung dieses Exodus zu erfahren. Sie fingen an, mit den Juden zu sprechen. Da war zum Beispiel Sima Gaster, eine sechsundzwanzigjährige Frau aus Polen, deren Mann in Auschwitz verbrannt worden war. Sie hatte als Partisanin mit der Roten Armee gekämpft. Da war ein reicher deutscher Bürger mit dickem Schnurrbart, der jeden Tag nur mit Unterhemd, Hose und Hosenträgern bekleidet an Deck kam. Er führte seine Frau und vier Kinder an Deck, als ob er die Familie zu einem Sonntagsspaziergang brächte. Da war Shmuel, ein kleiner, gelehrter, stiller Mann, dessen Frau Pola jetzt jeden Tag ihr zweites Kind erwartete. Sie hatte sich geweigert zurückzubleiben. »Mein Baby soll in Eretz geboren werden«, erklärte sie, »im Land Israel.«

Da waren hübsche junge Mädchen ohne Eltern, die nicht länger in Europa bei den christlichen Familien bleiben wollten, die sie versteckt hatten. Da war ein kleines Mädchen mit einem Buckel und funkelnden schwarzen Augen. Harry Weinsaft, Mitglied der amerikanischen Crew und selbst einst ein Flüchtling aus Österreich, war auf sie aufmerksam geworden. Er sprach jeden Tag mit dem kleinen, deformierten Mädchen, denn er wußte, daß seine Aufmerksamkeit sie bei den anderen Kindern beliebter machen würde.

Einer der Passagiere erzählte den Amerikanern die Geschichte von einer jungen Frau auf einem anderen illegalen Schiff, dem Hagana-Schiff *Hatikva*. Ein britischer Major war an Bord gekommen, nachdem die Briten das Schiff in ihre Gewalt gebracht hatten. Der Major fragte, ob es jemanden gäbe, der Englisch könne. Er wolle mit der betreffenden Person in der Kapitänskajüte sprechen. Die Menschen an Bord überredeten eine hochgewachsene, blonde, wunderschöne junge Frau von 28 Jahren, zu ihm zu gehen. Sie zögerte, ging aber schließlich doch. Der Major sprach sehr freundlich. »Erzählen Sie, von welchem Hafen sind Sie losgefahren.«

Sie erklärte dem Major: »Von Berlin.«

»Sie machen sich über mich lustig«, erwiderte der Major. »Es ist Ihnen nicht gestattet, Berlin zu verlassen, und außerdem ist Berlin keine Hafenstadt. Wie sollte Ihr Schiff von Berlin kommen können?«

»Herr Major, haben Sie jemals die Bibel gelesen? Erinnern sie sich daran, wie Moses die Kinder Israels aus Ägypten führte? Er führte sie durch das Rote Meer. Nur die Juden konnten es durchqueren. Herr Major, unser Schiff ging von Berlin.«

Der Major war verärgert. »Wie ist Ihr Name, junge Frau?«

Sie deutete auf ihren Arm und las die eintätowierte Nummer: »349821.«

»Was machen Sie da? Ich habe nach Ihrem Namen gefragt.«

»Ich habe keinen Namen. All diese Jahre hatte ich eine Nummer. Und zwar bis auf den heutigen Tag. Doch nun gehe ich nach Eretz Israel, in das Land Israel, wo ich als Jüdin und menschliches Wesen leben werde. Dann werde ich auch einen Namen haben.«

Die Amerikaner erfuhren jeden Tag mehr über das Leid und den Mut, die so viele Kinder und junge Menschen an Bord der *Exodus* gebracht hatten.

Das Schiff hatte drei Gruppen von Menschen zusammengeführt: die Juden aus Palästina, die das Schiff befehligten, die Amerikaner, die es steuerten, und die 4.500 Überlebenden, die sich auf dem einst so eleganten Dampfer, der für 400 Personen gebaut worden war, zusammenzwängten.

* * *

Der achtjährige Uri Urmacher hatte eine schreckliche und verlustreiche Odyssee hinter sich. Im Jahr 1939 überraschte der deutsche Blitzkrieg seine Heimatstadt Siedlce in der Nähe von Warschau. Auf der Flucht mit seinen Eltern und seiner kleinen Schwester Ruth kauerte er in einem Pferdewagen, während sie die Grenze nach Rußland überquerten und weiter nach Usbekistan in die Nähe der afghanischen Grenze zogen. Seine Mutter erkrankte an der Cholera, und er durfte sie nicht mehr berühren. Als sie starb, begann er von ihr zu träumen – wie sie ihm ihre Hand entgegenstreckte, ihn aber niemals wirklich berührte. Jede Nacht wachte er weinend auf.

Bald lebte sein Vater Shmuel mit einer neuen Frau zusammen. Als sie ein Kind bekam, bestand sie darauf, daß Uri und Ruth das Haus verließen. So waren nun beide im Grunde ganz ohne Eltern. Im Jahre 1947 wurden sie von Männern der Hagana und von Soldaten der jüdischen Brigade gerettet, die mit den Briten in Italien gekämpft hatten und jetzt nach Waisenkindern suchten. Sie setzten sie in Züge und Lastwagen, die sie zu Schiffen fuhren, mit denen die Kinder nach Palästina gebracht werden sollten.

Uri und Ruth wurden in einen Viehwagen gesetzt, den alle den »Waisenwagen« nannten und der sie zum ersten Zwischenstop auf ihrer Reise bringen sollte – nach Polen. Uris Vater und einigen Mitstreitern gelang es, auf einen der hinteren Wagen zu steigen. Eines Nachts merkte Uri, der durch das kleine Fenster in einen nachtschwarzen Wald starrte, wie der Zug zum Stehen kam. Sein Herz pochte, als er polnische Soldaten erblickte, die ihre Gewehre anlegten. Dann schlug ein Kugelhagel in den Zug ein. Die Schreie verängstigter und sterbender Kinder erschreckten ihn zutiefst.

Inmitten des Gemetzels ergriff Uris Vater zusammen mit den Männern der Hagana eine Axt und rannte durch den Zug vor zur

Lokomotive. Uris Vater hielt die Axt über den Kopf des Lokführers und drohte ihm: »Wenn du den Zug nicht auf der Stelle in Bewegung setzt, wirst du niemals mehr das Tageslicht erblicken.«

Mit zitternden Händen fuhr der Lokführer aus dem Hinterhalt heraus. Es war klar, daß er an dem Komplott, die Waisen zu töten, beteiligt war, damit sie ihr Zuhause und das Land, das ihre Eltern vor dem Krieg besessen hatten, nicht zurückfordern könnten.

In Warschau setzten die Männer der Hagana Uri und seine Schwester zusammen mit den anderen überlebenden Waisen in einen weiteren Zug und dann in einen Lastwagen, der sie nach Marseille brachte. Dort wurden sie in einem riesigen, ehemaligen französischen Armeelager, Grande Arenas, untergebracht. Später verteilte man sie auf verschiedene Gruppen mit je 30 Waisen gleichen Alters und führte sie an Bord der *Exodus 1947*. Jede Gruppe hatte einen Anführer, der während der ganzen Reise bei den Kindern blieb und ihnen beibrachte, wie wichtig es war, Disziplin zu halten, damit auf dem überfüllten kleinen Dampfer kein Chaos ausbrach.*

* * *

Die Reise der neun Jahre alten Bracha Rachmilewitz, geboren in Bonbonica Budick, von ihrer Heimat in Rumänien bis zum Unterdeck der *Exodus* dauerte zwei schreckliche Jahre. Als kleines Kind wurde sie mit ihren Eltern auf einem Laster in ein Gefangenenlager in Transnistria in der rumänischen Ukraine gebracht, wo über 120.000 rumänische Juden interniert waren. Innerhalb weniger Monate waren 70.000 an Hunger, Typhus oder der eisigen Kälte gestorben. Bracha wurde von ihren Eltern getrennt und mit Tausenden anderer Kinder, von denen viele aus den Armen ihrer Mütter und Väter gerissen worden waren, in die Baracken für Waisenkinder gesteckt.

---

* Nachdem Uri zunächst in einem Kibbuz gelebt hatte, wurde er Ingenieur bei der Zim-Schiffahrtslinie. Er ging nach Amerika, heiratete Glenda Eiss und ist heute ein Software-Spezialist, der Computer für die Raumfahrt testet.

Von der russischen Armee 1945 befreit, wurde Bracha wieder mit ihren Eltern vereint, und sie machten sich auf die Reise nach Palästina. Bracha, aus der inzwischen ein ungewöhnlich schönes Kind geworden war, konnte weder lesen noch schreiben. In den Jahren auf der Flucht war sie niemals zur Schule gegangen. Stets hungrig, weinte sie oft vor Erschöpfung. Ihre Mutter ermutigte sie durchzuhalten. »Palästina«, so tröstete die Mutter ihre Tochter, »ist voller Orangen. Du liebst doch Orangen. Wenn wir dort sind, kannst du jeden Tag welche haben.« In Brachas Augen reisten sie nicht in das biblische Land, wo Milch und Honig fließen, sondern in das Land der Orangen.*

* * *

Die fünfzehnjährige Erika Klein Burger, die während des Kriegs im Ghetto von Budapest versteckt und deren Vater ermordet worden war, unternahm die Reise von Ungarn zur *Exodus* mit ihrer Schwester Rachel, ihrer Mutter und ihrer Großmutter. Bei ihrer Ankunft in Wien am Heiligen Abend 1945 wurden Erika und Rachel in eine Gruppe mit 200 weiteren Kindern gesteckt und in das DP-Lager Leipheim gebracht, eine frühere SS-Kaserne zwischen Stuttgart und München. Vom *American Jewish Joint Distribution Committee* erhielten sie Essen und Kleidung und sogar Schulunterricht. Im Juni 1947 lud man sie auf einen Lastwagen und brachte sie in ein Lager nach Südfrankreich in der Nähe von Marseille.

»Endlich ging ich an Bord der *Exodus*«, schrieb sie mir später. »Ich fühlte mich sehr, sehr glücklich und glaubte, unsere Schwierigkeiten hätten nun ein Ende gefunden. Die Tatsache, daß fünf Mädchen in einem Bett schlafen mußten, wenn man es überhaupt ein Bett nennen konnte, machte mir nichts aus. Die Nächte waren schrecklich wegen der extremen Hitze. Doch in Wahrheit erschien mir das Ganze wie ein großes Abenteuer – immerhin waren wir ja

---

* Bracha studierte später an der Hebrew University-Hadassah Medical School Medizin und wurde Forscherin auf den Gebieten Hämatologie und Onkologie. Sie ist Mutter von drei Kindern und hat vier Enkelkinder.

noch Kinder. Wir führten unsere Hebräischstudien fort. In der Hauptsache verlangten sie von uns [Kindern], daß wir nicht im Schiff herumrannten. Meine Schwester Rachel und meine Großmutter waren mit mir auf dem Schiff, und ich hatte keine Angst. Wir hatten sehr gute Anführer, und sie sorgten dafür, daß es der Gruppe an nichts fehlte.«*

* * *

Sara Wiener Kam, 20 Jahre, mit großen blauen Augen und glänzendem, schulterlangem blondem Haar, wurde in einer kleinen Stadt in Polen mit dem Namen Bełżyce, gut 30 Kilometer von Lublin entfernt, geboren. Sie wuchs in einer zionistischen Familie auf und besuchte eine Schule, in der hebräisch gesprochen wurde. Ihre Familie aus der oberen Mittelschicht besaß eine Mühle, eine Ölpresse, ein Stück Wald und einen Teil eines kleinen Hofs in einem Nachbardorf namens Chrzanów. Im Jahr 1942 nahm sie ihr Vater nach Chrzanów mit und zeigte ihr, wo er eine Blechdose versteckt hatte, die mit Gold gefüllt war. Die Dose war auf dem Land eines freundlichen polnischen Bauern vergraben. Falls sie überlebte, sagte er, würde das Gold ihr gehören.

Im Jahr 1942 deportierte die Gestapo die meisten der 250 jüdischen Familien von Bełżyce und die Juden der umliegenden Städte. Menschen, die sich versteckt hatten, wurden bald entdeckt und in einem Lager zusammengetrieben, wo die Nazis zuerst die Älteren erschossen und dann fast alle Männer, Frauen und Kinder, einschließlich Saras Mutter und Schwester. Die deutschen Soldaten zählten 50 starke junge Mädchen ab, offensichtlich für Sklavenarbeiten, und schickten sie in ein Lager. Vor dem Massaker hatte sich Sara einige Monate in einem Kuhstall versteckt, dann war sie entdeckt oder verraten und in eine Reihe von Konzentrationslagern geschickt worden: Bełżyce, Budzyń, Wieliczka, Auschwitz-Birkenau und Taucha bei Leipzig. Von dort aus hatten sie die Naziwachen,

---

* Erika heiratete Joseph Burger und wanderte 1968 nach Kanada aus. Sie haben drei Kinder und acht Enkelkinder.

die vor den vorrückenden Russen flohen, auf einen Todesmarsch mitgenommen. Wenige Tage vor Kriegsende wurde sie befreit.

Sie wußte, wie gefährlich es war, nach Hause zu gehen. Sie hatte gehört, daß zwei jüdische Jungen getötet und eine junge Frau schwer verletzt worden waren. Dennoch ging sie nach Hause und suchte eine Geburtsurkunde. Sie wollte ihre Identität beweisen können, um sich selbst klarzumachen, daß sie überlebt hatte. Zu Hause erfuhr sie, daß ihre gesamte Familie ermordet worden war.

Einige Tage später ging sie nach Chrzanów, wo man sie einlud, im Haus des freundlichen Bauern zu bleiben. Da sich im Haus keine Toilette befand, schöpfte niemand Verdacht, als sie spät nachts hinausging. Sie grub die Blechdose mit den Goldmünzen aus und machte sich am nächsten Tag auf den Weg nach Lublin. Den gesamten Besitz ihrer Familie ließ sie hinter sich zurück und verkaufte nur die Mühle für ein paar fast wertlose polnische Złoty. Mit den Goldmünzen kaufte sie sich Essen und Kleidung.

In Lublin schloß sie sich einer Gruppe von 35 jungen Leuten an, die einen Kreis bildeten, den sie Kibbuz Lanegev nannten und in dem sie sich darauf vorbereiteten, nach Palästina auszuwandern. Sie übten sich in Landwirtschaft, jüdischer und zionistischer Geschichte, Hebräisch und in Überlebenstechniken. Sara wurde Lehrerin und unterrichtete Hebräisch und die Lieder, an die sie sich noch erinnern konnte, sowie diejenigen, die sie selbst von den zionistischen Anführern lernte.

Im Juni 1946 begab sie sich mit ihrer Gruppe von Freunden und deren Anführer auf die Reise von Lublin nach der französischen Hafenstadt Sète und ging an Bord der *Exodus*.

* * *

Als die Deutschen in Polen einmarschierten, floh Chanina Kam, 1928 in Komarów in der Provinz Lublin in Polen geboren, mit seiner Familie in die Städte Zlatoust und Chelyabinski im Ural. Damals wußte er nichts über Palästina – Zionismus galt in Rußland als Verbrechen. Er lebte mit seiner Mutter und zwei Brüdern zusammen, während sein Vater eine Zeitlang in der Roten Armee diente.

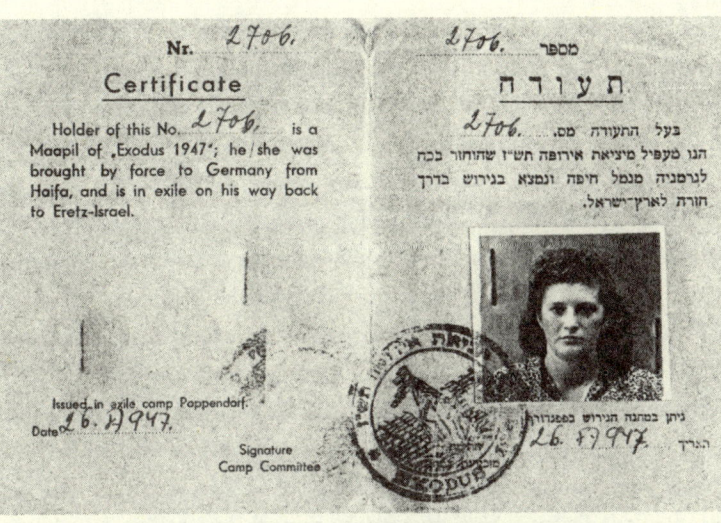
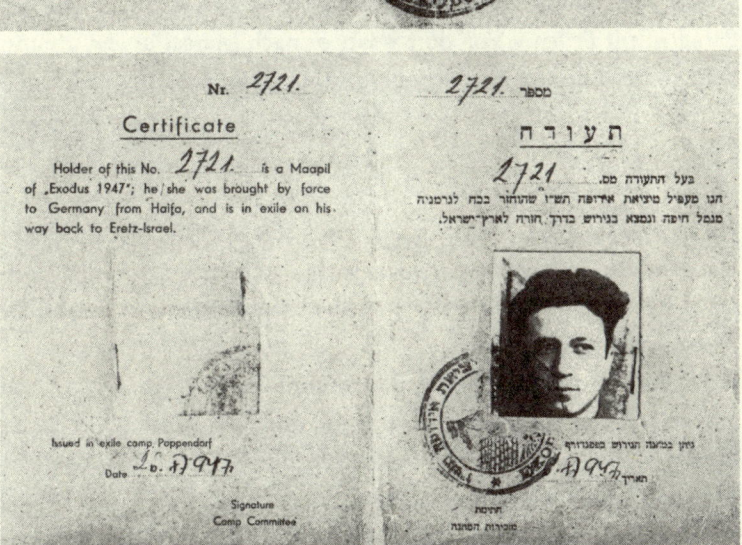

Ausweispapiere für Sara Wiener und ihren Ehemann, Chanina Kam, von der Hagana im Sommer 1947 ausgestellt.

»Die Kriegsjahre in der UdSSR waren schrecklich«, schrieb er mir später. »Im Juni 1946 gingen wir nach Polen zurück, aber nicht in unser Haus. Es war zerstört. Wir haben niemals versucht, unseren Besitz wiederzubekommen. Wir wußten, daß es sinnlos war. Wer zahlt schon für etwas, wenn er es umsonst haben kann?«

Als er erfuhr, daß 23 Mitglieder seiner Familie erschossen und verbrannt worden waren, wurde er Zionist. Er träumte davon, Landwirt in einem Kibbuz in Palästina zu werden. Er schloß sich einer Kibbuz-Gruppe in Polen an und zog mit ihr quer durch Europa – zu Fuß, auf Lastern und in Zügen, verbrachte einige Tage in Wien im Rothschild-Krankenhaus, einem DP-Lager, und in einem früheren Lager der Hitlerjugend bei Geretsried südlich von München. »Nach dem, was wir erlitten hatten«, schrieb er, »war das wie das Paradies auf Erden.« Von dort reiste er nach Marseille und ging in Sète an Bord der *Exodus*, fest entschlossen, in Palästina zu leben.*

* * *

Die amerikanischen Jungs sprachen mit den Menschen und stellten fest, daß die Juden entschlossen waren und nichts sie aufhalten konnte. Sie waren Juden des Wunders, Juden, die wieder auf die Erde zurückgekehrt waren, zurückgekehrt aus dem Inferno, in dem sechs Millionen eingesperrt und verbrannt worden waren, Juden, die von den GIs, den britischen »Tommys« und den Soldaten der Roten Armee befreit worden waren, und aufgrund des Wunders, überlebt zu haben, begannen sie an dieses Wunder zu glauben. Vielleicht waren ihre Frauen am Leben, ihre Söhne, ihre Töchter – irgend jemand, der sie mit ihrer Vergangenheit verbinden konnte. Also nahmen sie ihre kleinen Bündel mit Sträflingskleidung und gingen fort aus Dachau und Bergen-Belsen, aus Buchenwald und Auschwitz. Sie kamen heim nach Łódź und Warschau, nach Pilsen und Bratislava, in die Dörfer und Städte, in denen sie geboren worden waren. Aber

---

* Chanina Kam und Sara Wiener begegneten sich in einem Kibbuz in Israel. Sie verliebten sich und heirateten. Sara wurde Lehrerin und Chanina Elektrotechniker. Sie haben zwei Kinder und zwei Enkelkinder.

ihre Frauen waren tot, ihre Söhne waren tot, ihre Töchter waren tot, und es schien ihnen, als hinge der Geruch von Blut über den Straßen. Sie wußten, daß sie nicht länger in den Städten und Dörfern leben konnten, von denen sie in den Jahren zuvor immer geträumt hatten, und so gingen sie, gingen wieder nach Westen, nach Deutschland, in das Todesland, denn dort waren jetzt die Amerikaner und die hatten ein großes Herz, und vielleicht würden sie ihnen helfen, nach Palästina zu kommen.

Und als sie anfingen, auch den Glauben in die Amerikaner zu verlieren, als die Einwanderungsquoten stets gegen sie waren, die Visa nie vergeben wurden und die Tore für immer verschlossen blieben, da krochen sie heraus aus den DP-Lagern mit ihren erniedrigenden Zuständen und gingen zu den geheimen Häfen in Italien und Frankreich und kletterten auf marode Fischerboote oder auf die *Exodus 1947* und rannten gegen die britische Blockadelinie an. Manche entkamen den Briten, sprangen von den Schiffen und mischten sich unter die Juden in Palästina, die zum Strand liefen, um ihnen an Land zu helfen. Viel häufiger jedoch wurden ihre Schiffe aufgebracht, und man schickte sie nach Zypern. Dort hieß es warten. In ein oder zwei Jahren, vielleicht auch in drei oder vier konnten sie mit einem Visum auf legalem Weg nach Palästina gelangen. Jeden Monat gaben die Briten den Juden auf der Gefangeneninsel 750 Urkunden. Einige amerikanische Crewmitglieder anderer Hagana-Schiffe hatten sich in Haifa unter solche Flüchtlinge gemischt und warteten nun mit ihnen auf Zypern. Die Jungs sprachen von ihnen wie von Helden.

Die amerikanischen Jungs fingen an, sich mit den Flüchtlingen zu identifizieren. Bill Bernstein versuchte in einem Brief an seine Mutter zu erklären, warum sie sich auf solch eine Fahrt begeben hatten.

»Du möchtest, daß ich ein stetes Leben führe, zur Schule gehe. Das ist alles wunderbar, Mom, aber man findet kein Glück, indem man sich ständig selbst erklärt, daß man glücklich ist. Glaubst Du denn nicht, daß auch ich gern eine nette Frau hätte und Kinder und einen guten Job? Natürlich hätte

ich das gern, aber es ist jetzt nicht der richtige Zeitpunkt dafür. Ich sage das im Bewußtsein, daß Deine Gedanken und Dein Herz stets bei mir sind, wo ich auch bin und was ich auch tue. Sollte ich dies verlieren, verliere ich das einzige, was ich besitze.«

Die Amerikaner, die zunächst nur als Außenstehende Hilfe geleistet hatten, begannen nun, ebenso wie die Flüchtlinge zu fühlen. »Die Zeit ist nicht fern, da wir unsere Ehre wiedererlangen werden«, schrieb Bill in einem Brief an seinen Bruder. »Vielleicht werden Du und ich nicht dabei sein, wenn es geschieht, aber ich kann sehen, wie überall um mich herum daran gearbeitet wird. Am Fundament einer Pyramide muß man lange bauen, aber die Spitze entsteht schnell ... Nach all der Arbeit und all dem Verstecken, nachdem wir durch ganz Europa gehetzt sind, sind wir endlich auf dem richtigen Weg.«

Die Jungs sprachen mit großem Ernst zueinander. »Ich werde diese Fahrten von Europa so lange machen, wie ich kann. Ich möchte dabei sein, wenn die letzten DPs aus Deutschland herauskommen.«

Wie auf kaum einem anderen Schiff, das die Weltmeere befuhr, gelang es auf der *Exodus 1947*, traditionelle Barrieren zu überwinden. Den ganzen Tag sangen Offiziere, Crew und Passagiere Lieder, erzählten Geschichten, aßen amerikanische Lebensmittel und tranken rationiertes Wasser aus ihren Flüchtlingsflaschen. Die Crew sendete für die Passagiere Nachrichtenprogramme in vier Sprachen. Am Abend holten die Musiker unter ihnen ihre Akkordeons und Mandolinen hervor und die Menschen sangen unter den klaren Sternen des Mittelmeerhimmels und träumten von dem Land, das sie noch nie gesehen hatten.

Die Männer des Paljam hatten mit dem Transport von 4.500 Menschen auf einem Schiff, das nur für 400 Passagiere gebaut war, eine große Verantwortung übernommen. Sie teilten die Menschen in Gruppen von 20 bis 30 Personen ein und bestimmten für jede einen Anführer. Die Verteilung von Lebensmitteln und Wasser war so effizient, daß alle 4.500 Menschen in 45 Minuten gegessen hatten. Sie versteckten die Menschen auf den Unterdecks vor den

Blicken der britischen Flugzeuge und Zerstörer. Sie teilten die Zeit genau ein, die jeder Flüchtling auf dem oberen der vier Decks verbringen konnte, um frische Luft zu schnappen. Sie legten Zeiten fest, zu denen die Kinder mit Schlauchladungen voll Meerwasser gewaschen wurden. Sie zeigten den Schwangeren und den Müttern mit kleinen Kindern, wo sie sich im unteren Frachtraum des Schiffs verstecken sollten, falls sie von den britischen Zerstörern angegriffen würden. Und sie bereiteten die jungen Männer und Frauen darauf vor, mit Kartoffeln und Konservendosen zu kämpfen.

An einem dieser Tage brachte Shmuels Frau Pola ein Kind zur Welt. Wenige Stunden später starb sie. Zu ihrer Beisetzung formierten die Amerikaner eine Ehrengarde. Pola lag für einige Stunden aufgebahrt, die Flagge Zions mit dem *Magen Dovid*, dem Davidstern, über ihr ausgebreitet. Ein Crewmitglied hielt die Trauerrede.

»Wir beerdigen heute«, sagte er, »eine weitere Jüdin, für die es keinen Grabstein geben wird. Sie kommt hinzu zu den Millionen, die in den letzten Jahren gestorben sind. So werden wir an den ersten Exodus erinnert, als ebenfalls zahllose Juden in Gräbern ohne Namen beerdigt wurden. Erneut ziehen wir in unser Land. Falls es irgend einen Trost für den Tod dieser Frau gibt, dann den, daß wir uns jetzt hier mit dem nötigen Mut den Aufgaben widmen, die noch vor uns liegen. Der Weg des Alija Bet ist ein schwerer Weg. Aber wir glauben, daß es der einzig mögliche ist.«

Dann passierte es. Vor Tagesanbruch, um zwei Uhr nachts, am Freitag, dem 18. Juli, wurde die *Exodus 1947* angegriffen. Das Schiff fuhr nach Osten, hielt auf Gaza an der Südküste Palästinas zu. Es geschah 20 Meilen vor der Küste. Die Briten forderten die Jungs über Lautsprecher auf, sich nicht zu wehren oder das Schiff gar auf den Strand zu setzen. Sie erklärten: »Sie befinden sich in Hoheitsgewässern. Halten Sie das Schiff an. Wir werden an Bord kommen.« Sie riefen es hinter großen Suchscheinwerfern hervor, riesigen blauen Suchscheinwerfern, die die Menschen an Bord blendeten. Die Crew schrie, daß dies nicht wahr sei. Ihre Karten zeigten, daß sie sich außerhalb der Hoheitsgewässer befanden.

Zwei Zerstörer kamen längsseits und quetschten die *Exodus 1947* zwischen sich ein. Sie erwischten sie auf einer Welle. Die Menschen wirbelten durch die Luft, die *Exodus* erzitterte, als ob sie untergehen würde, dann sank sie wieder sachte auf das Wasser. Die Schreie und die Geräusche der mutwilligen Kollision klangen infernalisch.

Bill Bernstein zog kräftig an der Kette des Nebelhorns, das einen grauenerregenden Schrei aussandte. Alle Lichter auf dem Schiff wurden eingeschaltet. Dennoch leuchteten die Zerstörer weiterhin mit ihren blauen Scheinwerfern auf die *Exodus*, so daß man jedes Detail der Schlacht sehen konnte. Im Scheinwerferlicht erstrahlte auch die Flagge mit dem Davidstern, die hoch über dem Schiff wehte.

Jetzt sah man an die hundert Hände auf den Zerstörern aufblitzen, die Knallfrösche auf die *Exodus* warfen. Diese klangen wie Maschinengewehrfeuer und ließen das Schiff wie ein riesiges Feuer aufleuchten. Weitere hundert Arme erhoben sich im Scheinwerferlicht und warfen Tränengasbomben. Beides, die Knallfrösche und das Tränengas, taten genau das, was das Artilleriefeuer auf einem Schlachtfeld vor dem Angriff tut: Sie schüchterten die Menschen auf der *Exodus* für ein paar Sekunden ein.

In diesem Moment liefen etwa 18 britische Soldaten von der Brücke des Zerstörers und sprangen auf das Deck des Schiffs, direkt vor die Tür des Ruderhauses. Die britischen Soldaten trugen einen festen Lederschutz um den linken Arm, um die Schläge der Menschen abzuwehren. Sie waren mit Pistolen und Knüppeln bewaffnet. Die Passagiere und die Crew der *Exodus 1947* waren mit Kartoffeln und Konservendosen mit koscherem Rindfleisch bewaffnet. Die britischen Seeleute feuerten durch die geschlossene Tür des Ruderhauses, bis ihre Magazine leer waren. Dann stürmten sie hinein und schwangen ihre Knüppel. Sie trafen Bill Bernstein an der linken Schläfe. Er fiel bewußtlos zu Boden und wurde in die Kapitänskajüte getragen.

Nat Nadler, der Elektriker, beschrieb, was als nächstes passierte. »Big Bill Millman, der 1,95 Meter große Bootsmann, stand auf der Backbordseite des Kartenraums, der an das Ruderhaus grenzte, und sagte: ›Sieh nach, wo Bernstein ist. Er ist noch nicht rausgekommen.‹ Ich ging in den Kartenraum. Ich sah, daß sich einige Frauen um Bernstein kümmerten. Zwei britische Marineinfanteristen kamen aus dem Ruderhaus. Ich begann mit ihnen zu kämpfen. Sie schlugen mich mit den Knüppeln k.o. Als ich wieder zu mir kam, blutete ich stark. Ich hatte meine Brille verloren, kroch aus dem Kartenraum und konnte vor Tränengas nichts mehr sehen. Bill suchte mich auf der Backbordseite. Er ging in den Kartenraum und begann ebenfalls einen Kampf mit den zwei Marineinfanteristen. Er packte einen von ihnen im Schritt und am Hals und zog ihn nach draußen, in der Hoffnung, ihn über Bord werfen zu können. Der andere Soldat zielte auf seinen Kopf. Er schoß und traf ihn am Kinn. Bills Kiefer war zerschmettert.

Ich kroch zurück nach achtern zur improvisierten Krankenstation auf dem B-Deck, und ein Arzt, der unter den Flüchtlingen war, nähte die Wunde an meinem Auge. Ich wurde in eine Koje gesteckt und sah, daß Bill Millman direkt über mir lag. Seine Stimme war so durchdringend, daß man sie immer auf dem ganzen Schiff hören konnte. Jetzt konnte er kaum sprechen, aber er sagte: ›Denen haben wir's richtig gezeigt, Nat. Nicht wahr?‹

›Ja, richtig gezeigt haben wir's denen, du riesiger Dummkopf. Schau dich an. Dein ganzer Kopf ist bandagiert.‹«

Nat fuhr fort. »Ich konnte es nicht ertragen, nur ruhig dazuliegen, während so viel passierte. Ich bin wieder an Deck gegangen. Ich sah Murray Aronoff, einen Matrosen aus der Bronx, der einen ganzen Haufen Flüchtlinge anführte, mit einer Axt herumrannte und die britischen Seeleute und Soldaten zu Tode erschreckte.«

Nats blaue Augen waren weit aufgerissen. »Ich war so wütend darüber, daß die Briten einfach Menschen töteten. Ich sprang auf einen der Soldaten und zog seinen Helm nach hinten. Der Kinnriemen schnitt sich tief in seinen Hals ein und schnürte ihm die Luft ab. Zwei Flüchtlinge und ich warfen ihn ins Meer.«

Er schwieg einen Moment, dann fuhr er fort. »David Lowenthal aus Pittsburgh machte eines der Rettungsboote los – das wiegt eine Tonne – und ließ es aufs Deck eines der Zerstörer krachen.«

Doch plötzlich bekam er einen milderen Gesichtsausdruck und sagte: »Aber nicht alle Marineinfanteristen waren brutal. Einer von ihnen kam an Bord und warf einen Blick auf die Menschen vor sich. Da zog er sich den Helm vom Kopf und sprang über Bord.«

Uri Urmacher, der das Gemetzel im Waisenwagen in Polen überlebt hatte, stand mit seinem Freund, dem sechzehnjährigen Hirsch Yakubovich, in der Nähe einer Luke und sah zu, wie die Seeleute und Soldaten an Deck kletterten. Hirsch, ein Waisenjunge, der aus dem Lager bei Kloster Indersdorf gekommen war, stand eingeklemmt hinter den Planken eines großen Rettungsboots und warf mit einer Orange auf einen Soldaten. Dieser schoß ihm ins Gesicht. Hirsch war sofort tot.

Mordecai Baumstein, ein weiterer Waisenjunge, der aus dem DP-Lager bei Bad Reichenhall kam, kämpfte mit Früchten und Konservendosen, als ein Soldat ihn in den Bauch schoß. Er war der dritte, der sterben sollte.

Die kleine Bracha, die von dem Land der Orangen träumte, hatte die Kollision mit dem Schiff zutiefst verstört und glaubte, daß sie jetzt sterben müsse. Da half auch die Beteuerung ihrer Mutter nicht, daß sie sich gerade dem Land der Orangen näherten.

Einige jüngere Kinder waren nach der Kollision und wegen des Tränengases, das ihnen in den Augen brannte und ihnen die Luft nahm, völlig hysterisch. Die Anführer, denen die Augen ebenfalls brannten, versuchten dennoch, die Gruppen zusammenzuhalten.

Die sechzehn- und siebzehnjährigen Jungen, meist Waisen aus Lagern, waren richtige Kämpfer. Immer wieder wehrten sie die Briten ab, obwohl ihr ganzes Waffenarsenal doch nur aus ihrem Lebensmittelvorrat an Kartoffeln und Konservendosen bestanden hatte sowie aus ein paar Dampfdruckdüsen und Stöcken aus der Reling. Sie hielten oben auf dem Sturm- und dem Bootsdeck aus, während die Frauen und Kinder unter Deck bleiben mußten.

Indessen hörten die Zerstörer nicht auf, die *Exodus* zu rammen. Landetrupps versuchten an Bord zu gelangen. Die Menschen ließen einige ihrer Rettungsboote in die Tiefe fallen, um die Seeleute daran zu hindern, an Bord zu klettern. Sie nahmen alle britischen Angreifer gefangen mit Ausnahme der Soldaten im Ruderhaus, wo Bill im Sterben lag. Die Gefangenen wurden von den Flüchtlingen in Kabinen eingesperrt. Auch die britischen Seeleute im Ruderhaus waren in gewisser Hinsicht Gefangene, aber sie hatten die Gewalt über das Ruder und nahmen direkten Kurs auf Haifa. Die Jungs versuchten, das Ruderhaus zurückzuerobern, doch vergeblich. Denn die britischen Seeleute waren bewaffnet.

Ike und Cy Weinstein bahnten sich ihren Weg durch die Passagiere, von denen viele verängstigt waren und weinten, und kletterten hinunter zum Schiffsmotor. Sie durchtrennten die Kabel, die zum Steuer führten, und das Schiff stand wieder unter dem Befehl der amerikanischen Crew. Die Crew fing an, Zickzacklinien zu fahren, was es den Briten unmöglich machte, weitere Landetrupps an Bord zu bringen. Die Zerstörer rammten sie weiter – jetzt jedoch nicht mehr, um noch mehr Männer an Bord zu bringen, sondern um die *Exodus* manövrierunfähig zu machen. Sie versuchten, das Lenkgetriebe zu beschädigen, indem sie die *Exodus* mittschiffs rammten. Der einzige Grund, weshalb die *Exodus* dabei nicht in zwei Hälften brach, waren die schweren Fender, die alle amerikanischen Dampfer zum Schutz gegen Kollisionen haben müssen. Diese amerikanische Vorschrift rettete 4.500 europäisch-jüdischen Flüchtlingen das Leben.

Während des Kampfs lud John Stanley Grauel, der junge Prediger, mehrere britische Seeleute in seine Kabine ein, gab ihnen seinen besten Schnaps, verschloß heimlich die Tür und hielt die Angreifer so auf wirkungsvolle Weise vom Kampfgeschehen fern. In einem vertraulichen Bericht nach London, den Leutnant R.J.G. MacPherson vom Zerstörer HMS *Chieftain* einige Tage nach dem Kampf verfaßte, warnte er die britische Marine vor diesem Vorgehen:

> »*Es wird beantragt, daß Landetrupps ausdrücklich vor der Gefahr des vertraulichen Umgangs mit den amerikanischen Judenschleppern gewarnt werden, insbesondere davor, angebotene alkoholische Stärkungen anzunehmen. Haben sie ihren Widerstand einmal aufgegeben, zeigen sie sich ausgesprochen umgänglich, und so vergißt man leicht, daß es sich um Kriminelle handelt, die ein starkes finanzielles Interesse daran haben, die Kontrolle über das Schiff wiederzuerlangen. Deshalb werden sie auch jede sich hierzu nur bietende Möglichkeit ergreifen.*«

Noch waren Ike und Cy davon überzeugt, die *Exodus* nach Haifa bringen zu können, da sie das Ruder kontrollierten. Der kleine Dampfer mit seinem flachen Rumpf konnte etwas, was kein Zerstörer konnte, nämlich im flachen Gewässer der Bucht von Haifa landen. Doch Bernie Marks, der erfahrenste Seemann der amerikanischen Crew, schätzte die Lage ganz anders ein. »Ich machte Ike und Yossi Harel schwere Vorwürfe, damit sie sich darauf besannen, daß wir für 4.500 unschuldige Menschen verantwortlich waren. Ich hatte den Eindruck, sie fanden sich schließlich doch mit der Tatsache ab, daß wir nicht durch diese gewaltige Armada, die uns umzingelte, durchbrechen konnten.« Als Dr. Cohen Kapitän Yossi Harel erklärte, daß mindestens fünf Menschen sterben würden, wenn sie nicht sofort eine Bluttransfusion bekämen, beschlossen Yossi und Bernie, daß das Leben der verwundeten Flüchtlinge und Crewmitglieder wichtiger war als ein symbolischer Sieg auf See. Ike schloß sich schließlich den beiden an. »Wir berieten uns kurz auf dem Bootsdeck«, erzählte mir Bernie, »und dann kamen wir überein, uns zu ergeben. Ich sollte als Kapitän auftreten, und zwar aus zwei Gründen: Erstens, um Ike zu schützen, denn er war Israeli und es wäre hart für ihn geworden, hätte man ihn gefangen genommen, und zweitens, um diesen Akt der Piraterie vor den Internationalen Gerichtshof in Den Haag zu bringen. Doch die Israelis entschieden, diesen Weg nicht einzuschlagen, obwohl ich dazu bereit war, und ich reihte mich sofort wieder als Erster Maat ein.«

Yossi verkündete den Flüchtlingen über den Lautsprecher, daß sich die *Exodus* ergeben würde. Er bat die Briten, Ärzte und Medikamente für die Verwundeten zu schicken. Sofort veränderte sich die Atmosphäre an Bord. Die britischen Sanitäter zeigten sich ehrlich besorgt. Dr. D.C.S. Betts, der Stabsarzt der Royal Navy, der vom Zerstörer HMS *Chequers* an Bord der *Exodus* kam, berichtete später nach London:

»*Alle unsere Seeleute, die durch den erfolgreichen Einsatz von Waffengewalt die Kontrolle über das Schiff erlangten, waren bei der Versorgung der Verwundeten von großer Hilfe. Insbesondere möchte ich das Verhalten eines Seemannes hervorheben, der in eine Rangelei verwickelt wurde, nachdem ich an Bord kam, seinen Gegner niederschlug und ihn kampfunfähig machte, um ihm dann sofort aus seinem Tornister erste Hilfe zu leisten. Ich hege für sie alle größte Bewunderung.«*

Gegen vier Uhr nachmittags fuhr die *Exodus* langsam in den Hafen von Haifa ein. Grauel, der Prediger, der an Land kam, wurde festgenommen. Man nahm ihm seine Papiere weg, dann wurde er wieder freigelassen. »Ich beschuldige die Briten«, erklärte er uns. »Ich beschuldige die Briten, uns außerhalb der Hoheitsgewässer angegriffen zu haben. Ich beschuldige die Briten, ein unbewaffnetes Schiff auf hoher See angegriffen zu haben. Ich beschuldige die Briten eines Akts der Piraterie.«

Die britische Version von der Einnahme des Schiffs, in der sie indirekt zu dem Vorwurf der Piraterie Stellung nehmen, wich von der John Grauels ab. Das offizielle Kommuniqué der Regierung, in dem man auf die *Exodus* mit ihrem früheren Namen, *President Warfield*, einging, lautete:

> »*Um jegliche Zweifel auszuräumen, die durch unrichtige Funksprüche seitens des illegalen Einwandererschiffs* President Warfield *aufgekommen sein könnten, werden folgende Tatsachen festgehalten:*
>
> *Die* President Warfield *fuhr am frühen Morgen des 18. Juli mit schätzungsweise 5.000 illegalen jüdischen Einwanderern in palästinensische Hoheitsgewässer. Um zu verhindern, daß Soldaten an Bord kämen, griff sie zu gewaltsamen Ausweichmanövern, die bei der nachfolgenden Eroberung durch Landetrupps zur Beschädigung des eigenen Schiffs wie auch von Schiffen der Royal Navy führten. Die Seiten waren mit Planken versehen, und längsschiffs war Stacheldraht gespannt. Die Soldaten trafen auf starke Gegenwehr, begleitet von Tränengas, Feuerwerkskörpern, Rauchbomben und verschiedenen Geschossen. Man ließ außerdem Rettungsboote aus einiger Höhe auf die Schiffe der Marine niedergehen.*

Ein einziger Schuß und eine Maschinengewehrsalve wurden von einem der Marineschiffe gegen einen Einwanderer eingesetzt, der einen der an Bord gekommenen Soldaten mit einer Axt zu enthaupten drohte, und gegen einen weiteren, der im Begriff war, von einem Gewehr Gebrauch zu machen. Der Schuß und die Salve verfehlten ihr Ziel, erschreckten jedoch die Männer, die daraufhin ihre Waffen fallen ließen. Kein weiteres Mitglied der Marine eröffnete das Feuer. Insgesamt waren etwa 50 Mitglieder der Marine an der Einnahme des Schiffs beteiligt.

Die President Warfield *fuhr am Abend des 18. aus eigener Kraft in den Hafen von Haifa ein. Wie sich herausstellte, waren zwei illegale Einwanderer an Schädelbrüchen gestorben, und ein dritter ist inzwischen im Krankenhaus gleichartigen Verletzungen erlegen. 27 weitere wurden in das Krankenhaus von Haifa eingewiesen. Einige dieser Personen, jedoch nicht alle, hatten bei der Einnahme der* President Warfield *Verletzungen erlitten. Auch drei Matrosen der Marine wurden verletzt und ins Krankenhaus gebracht.«*

Die elf UNSCOP-Mitglieder befanden sich während des Vorfalls in Jerusalem. Umgehend fuhren der schwedische Präsident des Komitees, Friedensrichter Emil Sandström, und Vladimir Simic, der jugoslawische Delegierte, nach Haifa, um die weiteren Vorgänge zu beobachten. Sandstrom war schockiert vom Anblick des beschädigten Schiffs und der britischen Soldaten, die Menschen mit Verbänden auf die drei »Lazarettschiffe« führten, und erklärte: »Großbritannien darf nicht länger das Mandat über Palästina haben.«*

Tagelang brachten die Vorkommnisse auf der *Exodus 1947* alle nur irgendwie Beteiligten um den Schlaf. Eine Gruppe amerikani-

---

* Nach New York zurückgekehrt, empfahl das Komitee der Vollversammlung, daß die Vereinten Nationen einen jüdischen Staat schaffen sollten. Daraufhin stimmte die UN dafür, Palästina in einen jüdischen Staat und einen arabischen Staat zu teilen. Die Araber verließen das UN-Gebäude und erklärten den Juden den Krieg.

scher Seeleute, die auf anderen Hagana-Schiffen Dienst getan hatten, kam auf mich zu, um so viel wie möglich über die *Exodus* und ihre amerikanische Crew zu erfahren, aber auch um ihre eigenen Erfahrungen ausführlich schildern zu können. Sie waren allesamt gutaussehende Jungs. Da gab es einen großen Dunklen, dessen Brooklyn-Akzent sogar mir, die aus Brooklyn stammt, außergewöhnlich erschien. Er sprach schnell, so als würde er Kaugummis kauen und jeden Satz zu einem riesigen Ballon aufblasen. Da war ein Junge aus Atlanta mit einem weichen, nuschelnden Akzent. Er schien schrecklich weit von zu Hause entfernt, hier in der angespannten Lage am Hafen von Haifa. Da war ein junger Student aus Harvard, der höchstens wie 17 aussah und in wissenschaftlicher Hinsicht in die Fußstapfen Chaim Weizmanns trat. Sie waren keinesfalls alle Zionisten, aber sie waren vereint in dem Bestreben, etwas zu tun, um den Juden zu helfen.

Sie gingen auf und ab, rauchten Zigaretten, um ihre Gefühle zu verstecken, zupften an den Trauben auf dem Kaffeetisch, ergingen sich in Erinnerungen an ihre eigenen Schiffe, so wie Männer, die bei einer Totenwache eines großen Anführers gedenken.

Wir konnten auf das Mittelmeer hinuntersehen, das vor Lichtern funkelte, und auf die Skelette toter illegaler Schiffe. Die britischen Kriegsschiffe waren in den Hafen zurückgekehrt. Die Jungs aus Brooklyn und Atlanta erzählten mir, wie sie sich entschieden hatten, sich unter die Flüchtlinge zu mischen, als ihre Schiffe von den Briten erobert wurden, um als DPs nach Zypern zu gehen. »Für uns war Zypern eine ganz neue Art von Hölle«, erzählte mir ein Junge von der Hatikva. »Für die Flüchtlinge war Zypern bloß eine Hölle mit einer neuen Flagge. Einen Monat lang hatten wir nicht mal Betten zum Schlafen und ernährten uns von Frühstücksfleisch, ein wenig Graubrot und etwas gefärbtem Wasser, das Tee genannt wurde. Einen Monat lang hatten wir kein Wasser. Wir haben in Amerika niemals erfahren, was es heißt, ohne Wasser zu leben. Wir wußten nicht, wie ein Mann seine Würde und den Respekt vor sich selbst verliert, wenn er kein Wasser hat. Wir stahlen es uns gegenseitig und rannten auf der Suche danach den ganzen Tag von einem Gelände zum anderen und von einer Blechhütte zur nächsten.«

Die Jungs rauchten noch mehr Zigaretten. Sie liefen noch nervöser hin und her. Während sie sich wieder daran erinnerten, schienen sie sich selbst zu hassen. Aber sie staunten über die Flüchtlinge. »Da waren sie nun auf Zypern, in einem Lager mit zwei Zäunen aus Stacheldraht, aber trotzdem rasierten sie sich jeden Tag mit Salzwasser. Sie wuschen sich mit einem Fingerhut voll Wasser, der in dem Schlammloch übriggeblieben war, nachdem man das ganze Wasser zum Kochen verbraucht hatte. Sie behielten ihre Würde. Den ganzen Tag gab es nichts zu tun. Man konnte nicht lesen, man konnte nicht schreiben, man konnte nicht lernen. Man konnte nicht mal Hebräisch üben« – jene seltsame romantische Sprache, die man aus dem Todesschlaf erweckt und in eine Sprache für lebende Menschen verwandelt hatte. »Man konnte nicht einmal denken. Es war zu heiß auf Zypern. Und es gab kein Wasser.«

Die amerikanischen Seeleute waren verbittert. Sie fragten sich, ob es all diese Mühen wert war. Sie fragten sich, warum sie jemals Boston und Brooklyn, Harvard und die UCLA und ihre gutlaufenden Geschäfte verlassen hatten, um jetzt in der Hölle zu schmoren. Sie bekamen Hautausschläge, und immer noch gab es weder Wasser noch sanitäre Anlagen. Bald entzündeten sich die Ausschläge. Die Seeleute konnten weder sitzen noch liegen oder schlafen. Sie fühlten nur Linderung, wenn sie standen. Und sie fühlten sich wie Hiob persönlich.

Dann gab es auf einmal neun Einreisepapiere für Palästina. Neun Amerikaner von einem illegalen Einwandererschiff der Hagana hatten zunächst geplant, gemeinsam zu gehen und dann als feste Crew auf einem weiteren Schiff nach Europa zurückzukehren. Doch nun beschlossen sie, daß die drei am stärksten erkrankten Seeleute zuerst gehen und daß Schwangere die anderen sechs Papiere bekommen sollten, damit ihre Babys in Palästina geboren werden konnten. Die anderen Seeleute würden weiterhin warten. Vielleicht würden es zwei oder mehr Jahre in der Hölle werden. Sie würden warten.

Die drei kranken Seeleute mußten von sechs bis zehn Uhr morgens in der heißen Sonne Zyperns mit den Flüchtlingen Schlange stehen, einfach nur, um den Wärtern das Blechgeschirr, von dem sie gegessen hatten, zurückzugeben. Die Briten stellten sicher, daß die Flüchtlinge nichts aus der Kronkolonie Zypern mitnahmen, kein einziges Hemd oder Kleid, das die Frauen aus Stücken ihrer Zelte gemacht hatten, um ihre Blöße zu bedecken.

Sie wurden fünf- bis sechsmal überprüft, bevor sie die Reise nach Palästina antreten durften. Um sechs Uhr abends wurden sie, ohne gegessen oder getrunken zu haben, an Bord eines Gefangenenschiffs gebracht und wie in einem Käfig hinter Gitter gesperrt. Frauen und Babys, Männer und Jugendliche, alle wurden die steilen Stufen zum Frachtraum hinuntergestoßen. Dort gab es keine Betten, keine Stühle und keine Decken. Der Boden war verschmutzt von den Nahrungsmitteln der letzten Reise. Diejenigen, die Decken aus Europa nach Zypern und von Zypern nach Palästina mitgenommen hatten, breiteten sie nun aus und schliefen darauf. Diejenigen aber, die keine Decken mitgebracht hatten, schliefen auf dem blanken Boden.

Die amerikanischen Seeleute von den Hagana-Schiffen, die vor der *Exodus 1947* hierher gekommen waren, widerte ihre eigene Verbitterung an. Sie, die aus Brooklyn und Harvard und Atlanta stammten, hatten ein fernes, aber gutes Zuhause, wohin sie zurückkehren konnten. Sie konnten eines Tages einfach aufstehen und zurückgehen und von all dem als dem großen Abenteuer ihres Lebens berichten. Es war nun Sommer, und sie konnten über diese sechs Monate ihres Exodus noch viele Jahre sprechen, bis das ganze Abenteuer irgendwann auf ein oder zwei Bilder in ihrer Erinnerung zusammengeschrumpft wäre. Doch für die Flüchtlinge war all das kein Abenteuer. Dies war das Ende der Unwirklichkeit. Dies war der Ort, von dem sie in den Konzentrationslagern geträumt hatten, der Ort, für dessen Erlangung sie in den DP-Lagern gekämpft hatten, der Ort, für den sie auf Zypern geschwitzt hatten: das Ziel.

Und mit der Erinnerung an diese Menschen, daran, wie ihre Gesichter am Morgen aufleuchteten, als sie die Häuser an den Klippen des Mount Carmel sahen, wußten die amerikanischen Seeleute, daß es nicht umsonst gewesen war. Der Seemann aus Atlanta schaute hinunter auf den Friedhof, wo sein Schiff im Mittelmeer verrottete. »Ich werde eine Weile hier bleiben und die Sprache lernen und den Menschen zusehen, zusehen, wie sie leben. Dann gehe ich zurück nach Europa, um noch eine Schiffsladung herüberzubringen.«

Tatsächlich erfuhr ich bald darauf, daß ein Schiff namens *Shivat Zion* mit Flüchtlingen aus Marokko und Algerien von britischen Seeleuten aufgebracht worden war und nun am Kai von Haifa vertäut lag.

Am nächsten Morgen begannen wir nachzuforschen, was aus der Crew der *Exodus 1947* geworden war. Die Juden Palästinas verbrachten offensichtlich viele Stunden in den Filmtheatern Tel Avivs und sahen sich Hollywood-Filme an. Als hätten sie die besten Elemente aus Superman und Filmen von Edward G. Robinson verinnerlicht, hielten sich Ike, Yossi und einige andere Mitglieder des Palmach und Paljam in geheimen Verstecken auf der *Exodus* auf, bis die Luft auf dem Dock rein war. Dann schlüpften sie durch sämtliche Absperrungen aus Stacheldraht, Panzern, Lastern, MPs, CID-Männern und Major Cardozos Armee von Artilleristen. Nun spazierten sie bereits gelassen durch die heißen Straßen von Haifa und versteckten sich hinter nichts anderem als ihren Sonnenbrillen.

Während des Kampfs auf See waren viele Crewmitglieder als Amerikaner entlarvt worden. Doch die britische Marine und die britische Armee sprachen offenbar nicht sehr viel miteinander. Die Marine nahm die Jungs nur gefangen, sie ins Gefängnis zu sperren war Aufgabe der Armee. Die Marinesoldaten verließen die böse zugerichtete *Exodus* in Haifa, verabschiedeten sich von einigen der Jungs, denen sie beim Leertrinken ihres Schnapses geholfen hatten, und mußten sogar schmunzeln, als einige der Amerikaner sagten: »Bis dann. Wir sehn uns bald wieder.«

Die meisten der Jungs, so wie der muskulöse Dov Miller aus Brooklyn, zerzausten sich das Haar auf der nackten Brust ein bißchen mehr, gaben bei der Befragung auf dem Dock vor, kein Englisch zu sprechen, und waren nun auf die Gefangenenschiffe verstreut worden, die, wie alle annahmen, nach Zypern fuhren.

Die Briten mußten einige Festnahmen durchführen. Sie verhafteten Bernie Marks und Cy Weinstein und steckten sie in die Arrestzelle der Polizei auf dem Dock. Ich erfuhr, daß Cy Weinstein als erster ins Gefängnis geworfen wurde.

»Es sah aus, na ja, das Ganze war genau wie im Roman«, erzählte er mir. »Die große, dicke Tür mit einem kleinen vergitterten

Fenster. Schmutzige Zelle, Zementboden, keine Möbel, kein Feldbett, nur eine dreckige zusammengerollte Matte, übersät mit Kakerlaken, und das einzige Licht kam von einem vergitterten Fenster hoch oben in der Wand. Ich mußte die ganze Zeit an diesen Film denken – wissen Sie: *The Lives of a Bengal Lancer*. Als erstes schaute ich nach, welche Möglichkeiten sich zur Flucht boten. Ich begann die Wand hochzuklettern und war schließlich so weit oben, daß ich hinausschauen konnte. Alles, was ich sehen konnte, war eine dicke Steinmauer mit einem arabischen Polizisten, der ein Maschinengewehr trug und auf und ab ging. Ich sprang runter, setzte mich auf den Boden und versuchte nachzudenken. Einige arabische Polizisten gingen im Korridor ständig auf und ab, und jedesmal schauten sie durch das kleine vergitterte Fenster, um einen Blick auf mich zu werfen.

Dann hörte ich irgendwelche Geräusche im Korridor. Und ich hörte Marks Stimme. ›Hey Bernie‹, schrie ich, ›ich bin hier.‹

›Immer mit der Ruhe‹, sagte einer von den Briten. ›Er kommt noch früh genug dran. Wir befragen ihn zuerst.‹

Bernie kam herein. Wir haben endlos lang über die ganze Sache gesprochen und uns gegenseitig erzählt, was passiert war. Wir hatten beide unterschiedliche Teile des Kampfs gesehen.

Später planten wir, wie wir entkommen könnten. Die Türangeln befanden sich auf der Innenseite des Raums. Wir hätten sie losschrauben, die Wache überwältigen, die Munition, die in dem Raum am Ende des Korridors war, nehmen, vom Dock springen und davonschwimmen können. Doch wir haben es nicht getan. Manchmal überlegten wir uns, es einfach aus Spaß zu machen. Die Scharniere aufschrauben, und wenn dann der Wärter die Tür aufsperrte, würde er auf sein Gesicht fallen.

Die Briten hatten unsere gesamte Kleidung. Sie hatten uns alles genommen, was wir besaßen. Wir waren ohne Schuhe von Bord gegangen, hatten bloß das, was wir auf die Schnelle finden konnten. Ich fand meine lange Unterwäsche und meine Schachtel mit Pastellkreiden. Ich nahm die Kreiden und malte eine große Flagge von Zion über die gesamte Zellenwand. Ritzer nahm sich eine rote Kreide und schrieb darunter: *Unser Kampf hat erst begonnen.*

Als der britische Wärter das sah, schrie er durch das vergitterte Fenster: ›Ich bringe euch einen Kübel Wasser, und dann könnt ihr das gleich wieder abwaschen. Wir halten diese Zellen sauber.‹

›Wasser‹, sagte ich. ›Ach Bruder, was ich mit Wasser alles tun könnte. Meine Füße sind schmutzig. Die sehnen sich geradezu nach Wasser.‹«

Die Jungs blieben zwei Tage in den Arrestzellen. Während sie in ihrem eigenen Schmutz lagen, unrasiert, nur in ihren vom Kampf dreckigen Shorts, öffnete sich die Tür. Bernie Marks wurde in einen Raum im vorderen Teil des Gefängnisses gebracht. Ein hoher britischer Marineoffizier namens Morgan, der makellos weiße Hosen und ein schreiend weißes Hemd trug, wollte mit ihm sprechen. »Zuerst erkundigte er sich, ob ich Seemann sei«, erzählte mir Bernie, »und ich sagte ›Ja, Sir.‹ Dann sagte er: ›Wissen Sie nicht, wie gefährlich dieses Geschäft ist?‹ Ich antwortete: ›Ja, es ist sehr gefährlich – doch nach Hitler werden diese Leute nirgendwo leben außer in Palästina, und ganz egal, was Sie ihnen in den Weg stellen, sie werden weiterhin kommen.‹«

Morgan fuhr fort: »Ich habe eines der Schiffe kommandiert, das Sie zum Gefecht zwang.«

Bernie ging direkt zum Angriff über: »Warum haben Sie uns außerhalb der Hoheitsgewässer gerammt?«

»Ich bin nicht hierhergekommen, um über Politik zu sprechen«, sagte Morgan. »Ich bin hierhergekommen, um von Seemann zu Seemann zu sprechen.«

Bernie erhob sich würdevoll. »Ja?«

»Ich wollte Ihnen nur sagen, daß Ihr Schiff hätte versenkt werden können. Das ist alles.«

Bill Bernstein erlangte nie wieder das Bewußtsein. Er starb an dem Schlag auf den Kopf, den er während des Kampfs im Ruderhaus erhalten hatte. Sein Leichnam wurde in eine amerikanische Flagge gewickelt und sollte in der *Martyrs' Row* auf dem Friedhof in Haifa beerdigt werden. Die drei Jungs durften das Gefängnis verlassen, um Bills Sarg zu tragen. Auch dazu hatten sie immer noch die schmutzigen Sachen vom Schiff an. Sie hatten sich zwar inzwischen gewaschen, aber nicht rasiert. Die Briten steckten sie in einen

Laster. Sie saßen neben Bills Leichnam, der in einem versiegelten Sarg lag, und neben den Leichnamen von Hirsch Yakubovich und Mordecai Baumstein, die nur in einfache Leichentücher gewickelt waren – zwei DPs, die gerade einmal lange genug gelebt hatten, um in Palästina beerdigt zu werden.

Die toten Körper hatten schon begonnen zu riechen. Es war ein heißer Sommertag, an dem die amerikanischen Jungs den Sarg über den Friedhof trugen.

»Ich war schrecklich durcheinander«, erzählte mir Cy. »Bill, Bill, Bill – ich trug Bills Leichnam – in Palästina. Das ergab keinen Sinn.«

Bereits auf der *Exodus 1947* hatte Bill eine Vorahnung gehabt, daß es ihn treffen würde.

Zypern

Alles wies darauf hin, daß die Menschen von der *Exodus 1947* nach Zypern fahren würden: die Gepäckaufkleber, die Handzettel, die die britischen Matrosen auf dem Schiff verteilt hatten, Major Cardozos Versicherung, daß die Familien, die in den Durchsuchungszelten getrennt worden waren, im Gefangenenlager wieder zusammengebracht würden.

Alles wies darauf hin, doch nachdem die Gefangenenschiffe Haifa verlassen hatten, waren sie verschwunden. Die britische Armee hatte das Dock in Famagusta für die Schiffe vorbereitet – doch sie kamen nicht. In den Lagern auf Zypern hatten die Gefangenen schon auf dem Boden ihrer Zelte Platz gemacht, um die Neuankömmlinge willkommen zu heißen. Einige eilten zu den Absperrungen aus Stacheldraht und standen wartend in der Hitze, um einen ersten flüchtigen Blick von den neuangekommenen Flüchtlingen zu erhaschen. Vielleicht waren ja Verwandte unter den Leuten von der *Exodus*. Doch aus einem Tag des Wartens wurden drei und mehr. Und in London herrschte eine totale Nachrichtensperre.

Ich beschloß, nach Zypern zu fliegen. Die Briten hatten bislang noch keinem Nachrichtenkorrespondenten den Zutritt zu den Gefangenenlager gestattet. Doch mir bereiteten sie keine Schwierigkeiten, obwohl ich die einzige Korrespondentin war, die mit dem *United Nations Special Comittee on Palestine* in Verbindung stand, der sie ein Visum gaben. Zwei Stunden dauerte mein Flug für die 200 Meilen lange Strecke von Tel Avivs Flughafen Lydda nach Zypern.

Ich fliege nach Zypern, um auf die drei »Lazarettschiffe« zu warten. Korrespondenten ist das Betreten der Lager nicht erlaubt. Doch ich werde von Joshua Leibner, dem stellvertretenden Direktor des Joint, als neue Mitarbeiterin hineingeschmuggelt. Am ersten Tag im Lager spreche ich mit den Flüchtlingen von früheren Schiffen. Sie stehen hoffnungsvoll an den Barrikaden, um die Ankunft der Juden von der Exodus zu erwarten. Vielleicht ist ihre Mutter darunter, ihr Vater, ihre Ehefrau, ihr Kind, ein Freund – irgend jemand mit Nachricht von ihren Lieben.

Was für ein Schock, der grausigen Architektur der Todeslager auf Zypern wieder zu begegnen – die allgegenwärtigen Wachtürme und die langen schmutzigen Straßen, gesäumt von Stacheldrahtzäunen.

Schmucklose Hütten und Begrenzungspfähle, die an Konzentrationslager erinnern, erstrecken sich bis zum Horizont.

Mein Hauptquartier war das *Savoy Hotel* in Famagusta, der Hafenstadt, in der mich Morris Laub und der Direktor des Joint willkommen hießen.

Jeden Tag fuhr ich entweder mit ihnen oder mit einigen britischen Offizieren zu den zwei Lagern, in denen die Briten die Juden inhaftiert hatten: Caraolos am Rand des winzigen Hafens von Famagusta und Xylotimbu, das fast 50 Kilometer entfernt lag. Die Menschen von der *Exodus* sollten in einem dritten Lager untergebracht werden, das gerade geräumt wurde.

Man mußte Zypern riechen, um es zu glauben. Man mußte den Gestank der Latrinen für 20.000 Menschen riechen, um es zu glauben – und man glaubte es dennoch nicht. Man mußte die Männer und Frauen erlebt haben, die über offenem Feuer das Essen kochten

Man mußte Zypern riechen, um es zu glauben.

und denen dabei der übelriechende Schweiß in die Töpfe und Pfannen lief. Man mußte den Abfall riechen, der sich auftürmte, während die Leute auf die Lastwagen warteten, die nicht kamen, um es zu glauben – und man glaubte es dennoch nicht. Jeden Abend verließ ich die Gefangenenlager, kehrte zurück zum *Savoy Hotel* und duschte eine Stunde lang, doch ich spürte, daß ich den Gestank nicht abwaschen konnte.

Die amerikanischen Jungs hatten es gut beschrieben. Zypern war ein Fegefeuer des zwanzigsten Jahrhunderts, eine heiße Hölle des Wüstensands und Winds, der gegen Zelte blies und Nissenhütten aus Blech, eine Hölle, die von zwei Wällen aus Stacheldraht umgeben war, deren Architektur aus Dachau und Treblinka stammte, eine Hölle, in der man keine Privatsphäre kannte.

Zweimal am Tag fährt ein kleiner britischer Laster durch das Lager und bringt Wasser.

Es gab kein Wasser auf Zypern. Den ganzen Tag standen etwa 20.000 Erwachsene und 2.000 verwaiste Kinder hinter dem Stacheldraht und schauten hinaus aufs Mittelmeer, das die Küste umspülte, doch sie hatten kein Wasser. Jeden Tag standen ein paar kleine Jungen in der Mittagshitze, umklammerten das Tor und starrten mit gebannten Augen auf die Straße außerhalb der Stacheldrahtumzäunung des Lagers. Hinter ihnen, entlang der langen Reihen stiller namenloser Straßen, zogen sich die Bewohner des Lagers in den schmalen Schatten von Zelten und Nissenhütten zurück und versuchten dem Angriff der brennenden Sonne zu entgehen.

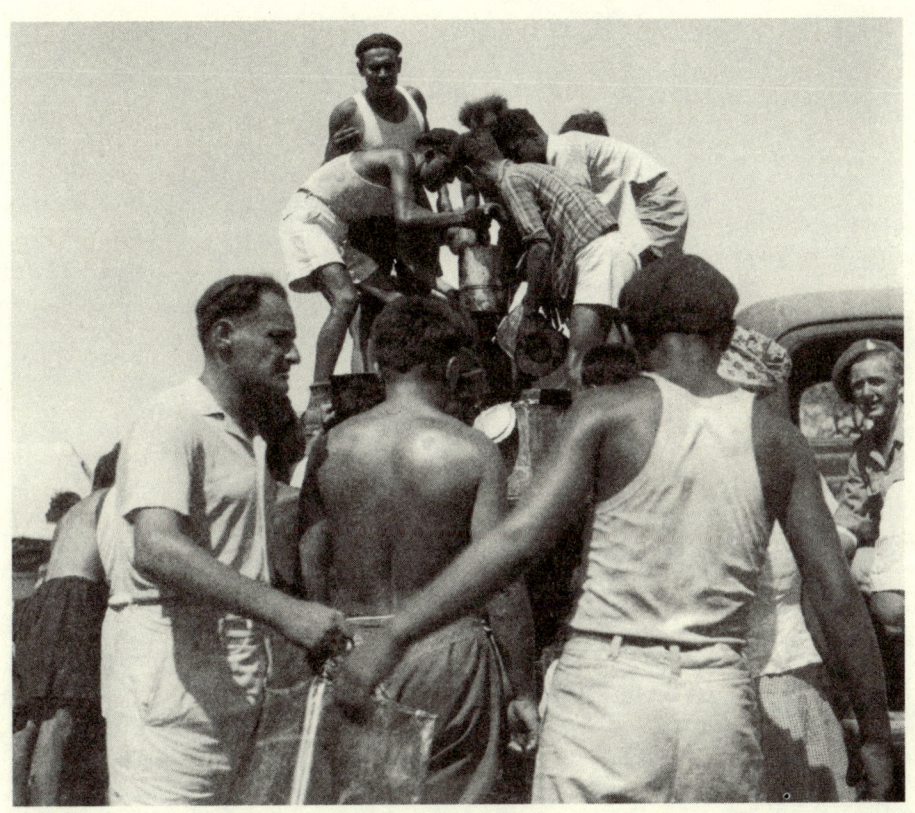

Die Menschen drängen sich um den Laster und füllen alle erdenklichen Gefäße mit Wasser: Blechbecher, leere Kanister und Eimer.

Plötzlich hörten die Jungen das Geräusch eines Motors. Sie warteten, bis der gedrungene britische Laster aus dem Staub auftauchte. Dann rannten sie die Lagerstraße hinunter und schrien: »Wasser! Wasser!« Andere kleine Jungen sprangen aus der Stille hervor und nahmen den Schrei auf. »Voda!« »L'eau!« »Agua!« »Veez!« Ein Mann mit einem 20-Liter-Kanister rannte aus einem Zelt. Eine Frau mit einer Kondensmilchdose folgte ihm. Alle ließen das Nichts, mit dem sie gerade beschäftigt waren, stehen und liegen, griffen nach irgend etwas, in das sie Wasser füllen konnten, und rannten zu dem Laster. Die Neuangekommenen von den letzten illegalen

Ein Junge schlägt mit der Hand auf den leeren Wassertank und hofft auf ein paar weitere Tropfen. Dem britischen Fahrer, einem Korporal, ist der Junge egal. Er bittet mich, dieses Foto zu machen.

Schiffen kamen nur mit Tassen. Sie standen zögernd am Rand der Menge. Sie würden bald lernen, größere Behälter wie das 20-Liter-Exemplar zu organisieren oder zu stehlen und sich hemmungslos zum Anfang der Schlange vorzukämpfen.

Die Menschen drückten, schoben und kratzten in diesem hektischen Durcheinander, um zu den Zapfhähnen zu gelangen. Ein Mädchen mit rotem Gesicht rempelte einen bärtigen alten Mann an und warf seine Schale um. Der alte Mann mußte zusehen, wie der heiße Boden seine Ration aufsog. Ein Mann schlug einem kleinen Bengel auf die Hände, und der Junge schüttete ihm eine halbe Tasse

Wasser verschwenderisch ins Gesicht. Ein junger Bursche kletterte auf den Tank und schlug wie verrückt mit der Faust darauf ein, als ob er erwartete, daß unter seiner Hand eine Quelle losprudeln würde. Der Tank war schnell leer, und die Menschen trugen ihren Schatz vorsichtig davon. Der Fahrer, ein blonder britischer Korporal, der mit verschränkten Armen ruhig dabeigestanden hatte, kletterte zurück ins Fahrerhaus und fuhr davon, während aus dem Tank letzte silberne Tropfen auf den brennend heißen Kiesweg fielen.

In eine Hütte zurückgekehrt, trank eine alte Frau etwas Wasser aus einer Tasse. Unter dem Vordach eines Zelts tauchte ein junger Mann namens Moshe – es handelte sich um denjenigen, der den 20-Liter-Kanister getragen hatte –, sein Rasiermesser in eine Untertasse und begann sich zu rasieren. Seine Frau Tova spannte einen Büstenhalter und ein ausgebleichtes Paar Shorts auf ein Brett. Mit einem Teelöffel träufelte sie Wasser darauf und bearbeitete sie mit einem Stück gelber Seife. Sie arbeitete langsam, denn es war heiß, und sie war hochschwanger. Mit größter Sorgfalt beträufelte sie die Kleidungsstücke erneut mit dem Löffel, rieb einen weiteren Fleck mit Seife ein, goß einen weiteren Teelöffel Wasser darüber, und nach einer Stunde hatte sie einen frischgewaschenen Büstenhalter und saubere Shorts, mit denen sie sich in der Wüstengemeinschaft wieder blicken lassen konnte.

Moshe hatte das ganze Wasser in der Untertasse aufgebraucht; er wischte sein Rasiermesser ab und steckte es weg. Die alte Frau legte sich auf eine Palmenmatte und fächerte sich mit einem schmutzigen Taschentuch etwas Luft zu. Ab und zu machte sie eine Pause, um sich den Schweiß aus dem Gesicht zu wischen. Eine schwüle, summende Stille lag wieder über den Wegen und Straßen; das Lager von Caraolos hatte sich wieder der Hitze ergeben und fiel zurück ins Koma des langen Wartens.

Das war also die Kronkolonie Zypern im östlichen Mittelmeer. Die Reiseführer nannten es »romantisch«; die Griechen bezeichneten es als »Liebesinsel«, denn Aphrodite war an Zyperns Küste aus Meeresschaum geboren worden. Hier wurde Richard Löwenherz vermählt, und Othello warb um Desdemona. Und hier lebten nun die Juden, deren Verbrechen es war, daß sie nach Palästina gehen

Hier leben die Juden, deren einziges Verbrechen es ist, nach Palästina gehen zu wollen – ohne Wasser, ohne sanitäre Anlagen, ohne Licht und ohne Privatsphäre, in der brütende Hitze des Sommers wie auch in der eisigen, feuchten Kälte des zypriotischen Winters.

wollten. Sie waren gefangen und hatten weder sanitäre Einrichtungen noch Elektrizität, saßen im Sommer in brütender Hitze und zitterten im Winter in elender Feuchtigkeit. Hier warteten wir nun darauf, daß noch weitere 4.500 Juden von der *Exodus* eingesperrt würden.

Die Briten hatten diese Internierungslager 1946 errichtet, um den Strom der Juden, die aus den DP-Lagern in Deutschland auf illegalen Wegen nach Palästina flohen, zu stoppen. »Wenn sich bei den illegalen jüdischen Einwanderern herumspricht«, so hatte ein britischer Offizier gesagt, »daß ihre Reise hier enden wird, werden

Die DPs setzen sich über die Widrigkeiten im Gefangenenlager hinweg – und überleben.

sie vielleicht aufhören zu versuchen, auf den engen und stinkenden Seelenverkäufern nach Palästina zu kommen.«

Statt dessen nahmen die Fahrten jedoch stetig zu. Die *Kaik Palmach*, benannt nach der Kampftruppe der Hagana, kam von Italien und Griechenland mit 630 Menschen an Bord. Die *Knesset Israel* folgte mit 3.900. Im Frühjahr 1947 brachte die *Theodor Herzl* weitere 2.640 Menschen. In zwölf Monaten waren etwa 25.000 Juden gefangengenommen und auf 23 Schiffen nach Zypern geschickt worden. Caraolos, das erste Lager, barst schier auseinander. Es setzte sich aus fünf separaten Bereichen zusammen, einschließlich eines

Lagers für Waisen. Inzwischen befanden sich darin 6.000 Flüchtlinge. Dann wurde das zweite Lager, Xylotimbu, in Betrieb genommen, noch ehe dort für die grundlegendsten Bedürfnisse gesorgt worden war. Mit 11.000 Holocaust-Überlebenden war auch dieses längst überfüllt. Schließlich genehmigten die Briten monatlich 750 Juden die Einreise nach Palästina.

So wurde Zypern zu einer weiteren Station, einer Art Vorort, auf dem eigenartigen modernen Exodus der Kinder Israels aus der Wildnis des Nachkriegseuropas in das so lange versprochene Gelobte Land.

Jeden Tag warteten wir in diesem von Leid gezeichneten Vorort Palästinas auf Nachrichten von der *Exodus*, doch statt Nachrichten begannen sich im Lager Gerüchte auszubreiten. *»Sie bringen die Leute von der* Exodus *nicht hierher!« »Sie schicken sie in ein Lager nach Eritrea.« »In Tobruk wird ein neues Lager für sie gebaut.« »Sie bringen sie nach Deutschland.« »Nein, nein, nicht Deutschland!«*

Die Tage vergingen. Ich ertappte mich dabei, wie ich hoffte, daß die Menschen von der *Exodus* vielleicht wirklich nicht hierherkämen. Aufgrund der unvermeidbaren Intimität im Lager war die menschliche Würde bereits am Schwinden. Moshe erzählte mir davon, wie er einmal auf der Suche nach einem Freund in ein Zelt hineingegangen war. Vier Frauen saßen auf dem Boden und waren bemüht zu nähen. Währenddessen versuchten ein Mann und eine Frau in einem hinteren Winkel, im improvisierten Schutz einer Militärdecke, sich zu lieben – auf die einzige Weise, die Zypern ihnen bot. Die Frauen sprachen nicht, doch ihre Augen sagten: *Wir schauen nicht zu, doch es gibt keinen anderen Ort, an den wir gehen können.* Und in Xylotimbu hatte eines Tages eine junge Frau Josh Leibner vom Joint gefragt, ob sie seine Küche in dieser Nacht benutzen könne. »Ich heirate heute nachmittag«, sagte sie, »und ich würde sie gern für unsere Hochzeitsnacht benutzen. Sie ist der einzige Ort, an dem wir allein sein können.«

In den folgenden Tagen begann ich gegen alle Regeln der Vernunft zu hoffen, daß die britische Regierung, die immerhin eine Labour-Regierung war, vielleicht doch nachgeben und diesen Menschen erlauben würde, nach Palästina zu gehen.

Einige haben Glück und dürfen legal nach Palästina einreisen. Jeden Monat erhalten je 750 Flüchtlinge auf Zypern und in den DP-Lagern in Europa eine Einreiseerlaubnis für das Gelobte Land. Die Briten setzten diese Einwanderungsquote 1939 fest und glaubten, die jüdische Immigration nach Palästina innerhalb von fünf Jahren beenden zu können.

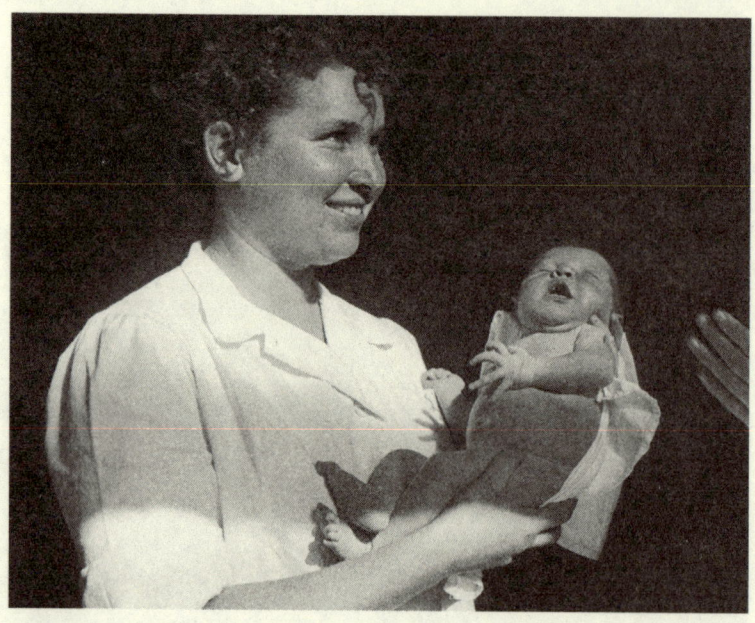

Eine Hebamme hält das Neugeborene hoch, dem sie gerade auf die Welt geholfen hat – im Gefangenentrakt des britischen Militärkrankenhauses in Nicosia. »Jede Frau hier möchte ein Kind«, erzählt sie mir.

Unterdessen ging das Leben weiter. Im ersten Jahr wurden auf Zypern 750 Babys geboren, und es fanden 800 Hochzeiten statt. Einmal fragte ich eine der Schwangeren, wie sie in den erniedrigenden Zuständen dieses Gefängnisses nur ein Kind zur Welt bringen könne.

»Wissen Sie denn nicht«, entgegnete sie, »daß unter Hitler alle jüdischen Frauen, die schwanger wurden, sofort verbrannt wurden? Frauen sorgten für den Fortbestand der Rasse, und sie waren diejenigen, die zuerst verbrannt werden mußten. Heute ist jede Frau, die ein Kind haben kann, entschlossen, eins zu bekommen. Das ist unsere Antwort auf Hitler. Das ist unsere Art, Israel am Leben zu erhalten. Das ist Demokratie, daß du ein Kind haben und leben kannst.«

Die Kinder wurden auf der jüdischen Station des Militärkrankenhauses in Nicosia geboren, ohne Laken, auf Decken, die nur

»Wir lieben das Leben«, erklärt die junge Mutter. »Darum wollen
wir auch neues Leben zur Welt bringen.«

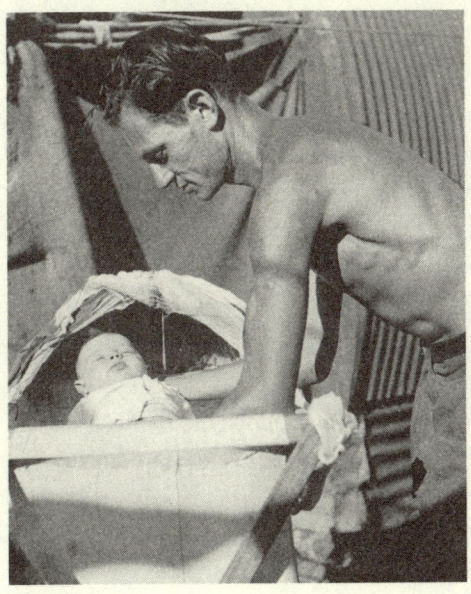

Ein stolzer Vater baut
für sein Kind eine Wiege.
Das Material hat er sich
aus Abfällen im Lager
zusammengesucht.

Die Lebenskraft, die in den Todeslagern geschwunden war, kehrt auf Zypern zurück. Im ersten Jahr werden hier 750 Babys geboren, und trotz der widrigen Umstände überleben sie.

selten gewechselt wurden. Nach ein oder zwei Tagen kamen sie zurück ins Gefangenenlager, ihre Körper mit Ausschlägen überzogen. Doch die Babys überlebten. Und der hochgewachsene Kinderarzt aus dem Hadassa-Krankenhaus in Jerusalem mit dem freundlichen Gesicht, Dr. Walter Falk, erklärte mir: »Bevor ich hier vor vier Wochen angekommen bin, habe ich an die Wissenschaft geglaubt. Heute glaube ich nur noch an Wunder.«

Fliegen nährten sich an ihren Körpern, doch die Babys überlebten. Ihre barfüßigen Mütter, abgerissen und zerlumpt vom Exodus und ihrer Pilgerfahrt, hatten kaum Milch in ihren herabhängenden, ungewaschenen Brüsten, doch die Babys trotzten jedem Gesetz der Bakteriologie und überlebten.

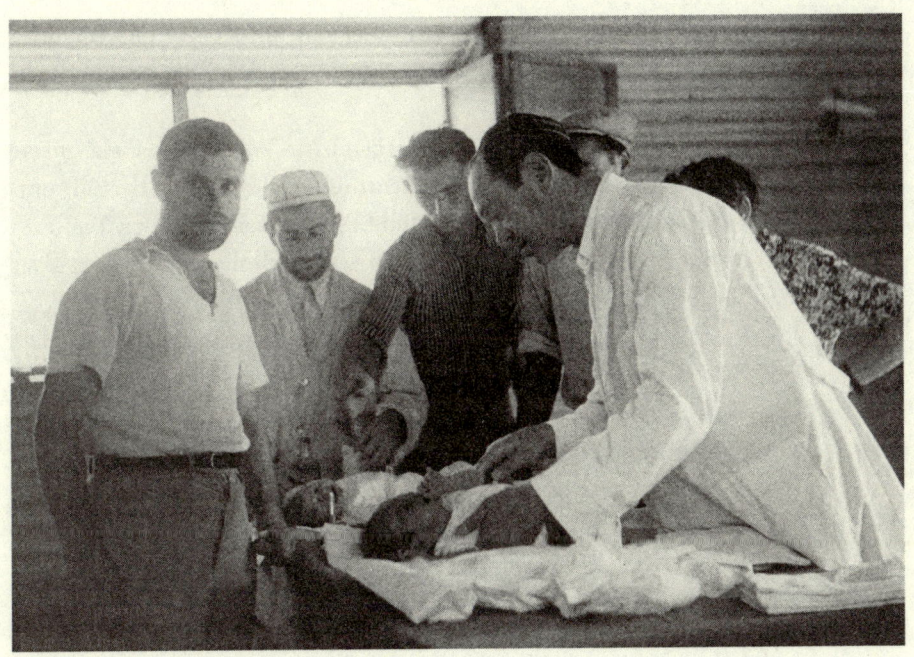

Die Tage vergehen, und die drei »Lazarettschiffe« sind wie vom Erdboden verschwunden. Das Leben mit seinen Ritualen geht jedoch weiter. Zwei neugeborene Jungen werden im Beisein ihrer Väter im Krankenhaus beschnitten. Einer der Väter singt das hebräische Lied »Das Volk Israel lebt«.

Das amerikanisch-jüdische Joint schickte ihnen Milch und Kleidung, Obst und Bücher, um die Rationen, die sie vom britischen Militär erhielten, zu ergänzen. »Wir verhungern hier nicht«, erklärte mir ein alter Mann. »Aber wir sind Gefangene hinter Stacheldraht. Wir haben keine Identität. Selbst in den DP-Lagern hatten wir einen Rest an Freiheit und Privatsphäre und eine UNRRA-Karte mit einem Namen darauf. Hier sind sogar die Straßen namenlos – für namenlose Menschen.« Dennoch überlebten sie.

»Warum kommen dann immer mehr?« fragte mich Major Alexander Maitland verwirrt, der von den Flüchtlingen »der gute Major« genannt wurde. »Warum können sie sich nicht gedulden und in Deutschland warten?« Er wußte, er hätte genausogut fragen können, warum ein Lachs zur Laichzeit um jeden Preis versucht, flußaufwärts zu gelangen, selbst wenn ihn dabei die Stromschnellen in Stücke reißen.

»Seid ihr Briten denn auf irgendeine Weise besser als unsere Nazi-Aufseher?« hatte ein Flüchtling ihm einmal haßerfüllt entgegengeschleudert. Am nächsten Sonntag, seinem freien Tag, fuhr Major Maitland durch ganz Zypern, um Schuhe zu suchen und sie für die Kinder in seinem Lager zu kaufen.

Wie ein übler Scherz wirkte eine hohe, mit Holz verkleidete Brücke, die die Briten über zwei hohe Stacheldrahtzäune in Xylotimbu gebaut hatten, damit die Juden von dem einen Teil des Lagers in den anderen gelangen konnten. Sie wurde bald zu so etwas wie einer 42. Straße der Flüchtlinge, denn endlos ging hier der Strom der Fußgänger hin und her. Sobald sich das Gerücht verbreitete, daß in den einen Teil des Lagers Wasser gebracht worden sei oder daß neue Flüchtlinge angekommen seien, rannten die Menschen über die Überführung, um zu sehen, was an dem Gerücht dran sei. Die Juden nannten die Brücke ironisch die Warschauer Ghettobrücke. In Warschau hatten die Nazis ebenfalls eine Brücke gebaut, damit die Juden nicht über »arische« Straßen gingen.

Sie waren Gefangene, deren Horizont an vier Seiten von senkrechten, mit Stacheldraht verbundenen Pfählen durchtrennt wurde, doch inmitten der Hölle schufen sie sich ihr eigenes, ein kreatives Leben. Sie malten, zeichneten und nähten Kleider aus Zeltstoff; sie fertigten Schachspiele aus Steinen; und sie gründeten kleine Gewerbe: Sie hatten Limonadeläden, Schusterläden, Schneiderläden und Zimmereien. Für ihre Kinder stellten sie sogar eigenes Spielzeug her. Sie versuchten, die Wunden der Erinnerung zu heilen, indem sie die Todeslager in zypriotischen Stein gravierten. Sie organisierten Ausstellungen mit ihren Gemälden und Schnitzereien, und ihre Arbeiten wären durchaus gut genug gewesen für eine New Yorker Kunstgalerie. Ihr Lebensraum war begrenzt und ihren Horizont bildeten die Zeltspitzen und Begrenzungspfähle, wie es sie auch in den Konzentrationslagern gegeben hatte, doch sie trotzten den Lagern und überlebten.

Die Überführung wird auch ironisch die »Warschauer Ghettobrücke« genannt. Im Krieg hatten die Deutschen in Warschau ebenfalls eine Brücke gebaut, damit die Juden nicht über arische Straßen gingen. Auf Zypern soll sie verschiedene Teile des Gefangenenlagers miteinander verbinden. Eine Frau, die in einer Ausstellung in Philadelphia dieses Bild sah, schrie: »Die dritte Frau auf der Treppe ist meine Mutter! Der Mann unter dem Dach mein Vater!«

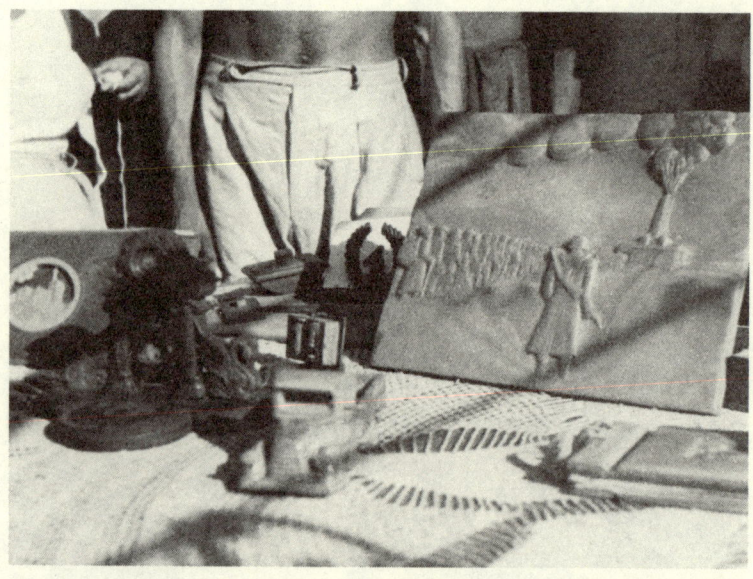

Die Geister von Auschwitz. Ein Künstler hat ein Wandbild in zypriotischen Stein graviert: Ein Nazi-Offizier mit einer Pistole in der Hand und einem Gewehr auf dem Rücken zwingt eine schier endlose Reihe von Flüchtlingen, in die Gaskammer zu gehen.

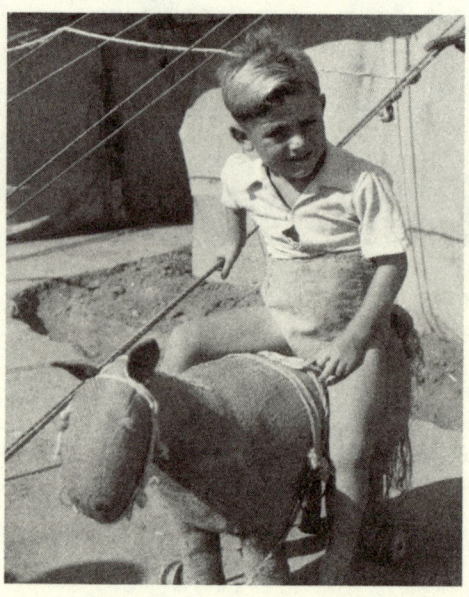

Die Flüchtlinge warten und leben weiter. Sie stellen sogar Spielzeug für ihre Kinder her.

Auf heißem Wüstensand eröffnen sie eine Kunstausstellung.

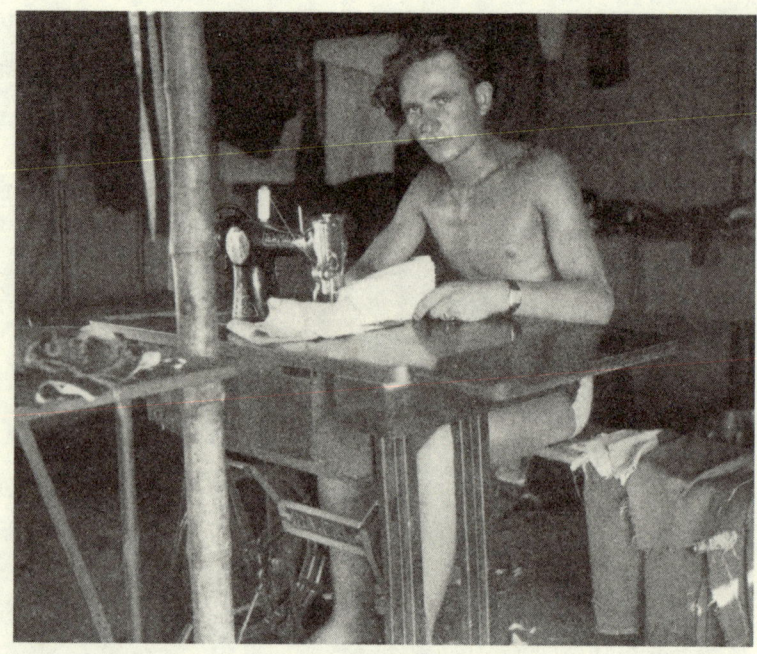

Die Flüchtlinge erlernen neue Fertigkeiten.

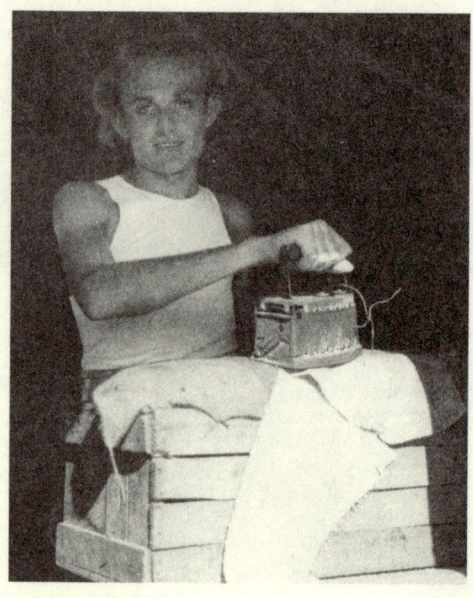

Der junge DP benutzt ein selbstgebasteltes Bügeleisen auf einem zusammengezimmerten Bügelbrett.

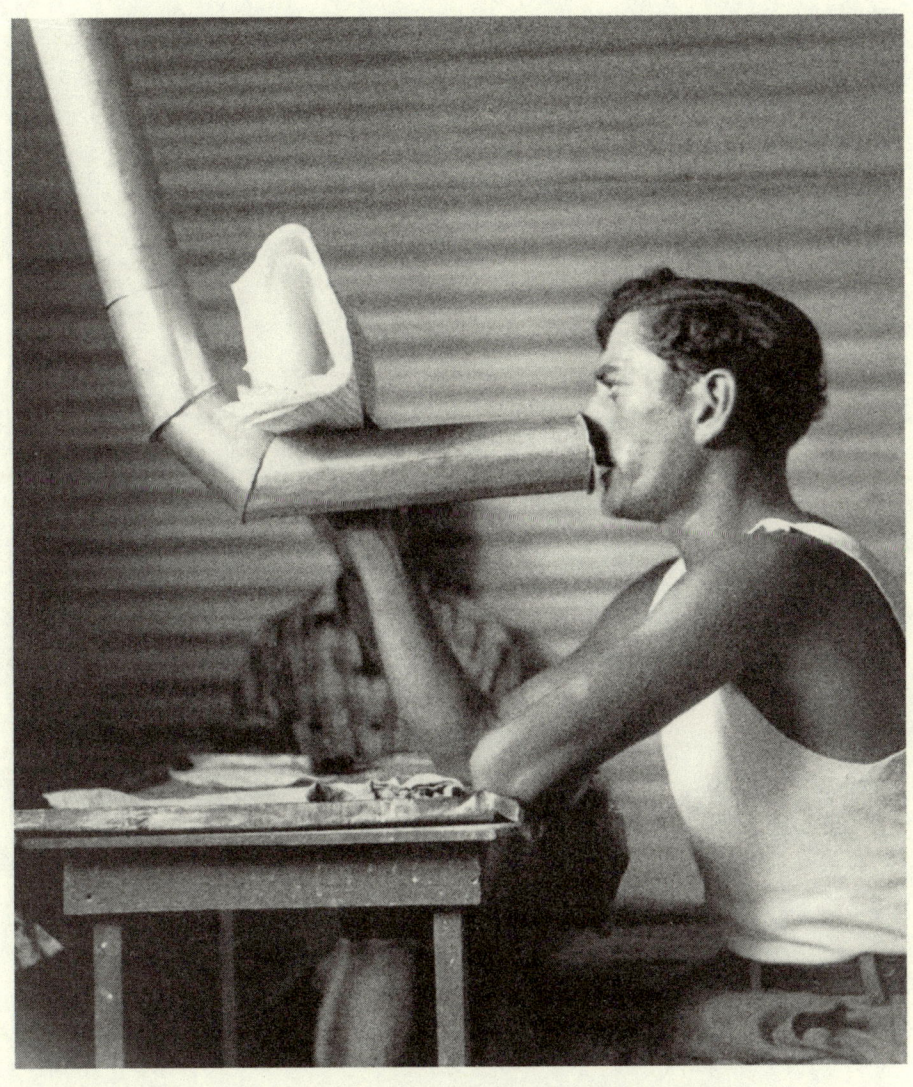

Journalismus auf zypriotische Art: Ein Nachrichtensprecher verliest die Nachrichten des Tages und informiert die Menschen, wenn ein neues Schiff mit Flüchtlingen im Hafen von Famagusta festmacht.

Kleine Mädchen tragen Kleider und Schuhe aus Sammlungen in Palästina und den USA. Das Joint versorgt die Überlebenden des Holocaust mit Nahrung und Kleidung.

Die Kinder gingen von sechs Uhr morgens bis zwölf Uhr mittags in eine Schule (danach wurde die Hitze nahezu lebensbedrohlich), die den Raum zwischen zwei Nissenhütten ausfüllte. Das Dach bestand aus zusammengenähten Kartoffelsäcken und sie war mit einigen zusammengenagelten Brettern für Tische und Bänke ausgestattet. Dort sah man sechzehnjährige Jungen und Mädchen, die zum ersten Mal in ihrem Leben zur Schule gingen und lernten, daß eins plus eins gleich zwei ist.

Das Wunder der Kindheit. Diese Kinder stellen sich fröhlich vor die Kamera, während ihre Eltern im frustrierenden Bemühen um Wasser die »Ghettobrücke« hoch- und runtersteigen.

Kein Schulkind auf der ganzen Welt ließ sich mit ihnen vergleichen. Ihr Wissensdurst war groß, doch dahinter kamen immer wieder tiefe Apathie und Bitterkeit zum Durchbruch. Eins und eins ist zwei. Sie waren beinahe schon reif für die Ehe und für eigene Kinder. Eins und eins ist zwei.

Sie trugen eine Art zypriotischer Gefängnisuniform aus einer Feldjacke und kurzen Hosen – die Mädchen fast ausnahmslos in blassem Blau, die Jungen in blassem Khaki. Sie lächelten nicht, wenn man hineinkam; sie grüßten nicht; sie saßen nur da und starrten. Da ist also wieder mal ein freier Mensch von der Erde gekommen, um sich die Hölle mit ihren Qualen anzuschauen. Eins und eins ist zwei.

Was könnten sie aus ihrem Leben machen? Könnten sie Fertigkeiten erlernen und Berufe ergreifen? Könnten sie normale Menschen werden? Konnte ein Kind, das niemals in einem Haus gewesen war, das niemals eine Badewanne oder ein Wasserklosett gesehen hatte, das längst vergessen hatte, wie seine Eltern aussahen, ehe sie verbrannt wurden, jemals normal sein? Eins und eins ist zwei.

Sie gingen die Zeltstraßen entlang und warteten auf Nachrichten von der *Exodus 1947*, verbreiteten Gerüchte, und jemand, der mittlerweile Geduld gelernt hatte, sagte: »In Palästina gibt es Olivenbäume, und selbst wenn nichts an ihnen dran ist außer alter Rinde, leben sie doch weiter. Erinnert euch daran.« Sie erinnerten sich. Eins und eins ist zwei.

Während wir auf dem Dock auf die Schiffe aus Haifa warteten, schickte ich Telegramme und Fotos an die *Herald Tribune*. Die Herausgeberin, Mrs. Ogden Reid, traf sich später vertraulich mit Außenminister Bevin in der britischen Botschaft. Bei sich zu Hause in Manhattan berichtete sie mir von diesem Treffen:

»Ich fragte Bevin, wie die Briten Tausende von Juden auf Zypern gefangenhalten konnten.« »Sie haben genug gelitten«, erklärte sie ihm. »Man sollte ihnen erlauben, nach Hause zu gehen.«

Bevin versicherte ihr, daß ihr Besuch ihn ehre, doch er könne keine höhere Einwanderungsquote als 1.500 Menschen pro Monat gestatten – 750 Menschen aus Zypern und 750 aus den Lagern in Europa. Die Quote, erklärte er, sei durch das White Paper (das Weißbuch über Palästina von 1939) festgesetzt.

Ohne Umschweife führte Mrs. Reid daraufhin aus, daß das Weißbuch ein einseitiges britisches Papier sei, das nur von einem einzigen anderen Land anerkannt würde: Pakistan. Also zog sich Bevin auf einen anderen Standpunkt zurück: Er glaube nicht, daß Palästina alle DPs aufnehmen könne. Er bedauere, nichts tun zu können.

Bildung ist von entscheidender Bedeutung. Die Juden sind immer noch das Volk des Buchs.

Doch Mrs. Reid und die *Herald Tribune* fuhren auch nach diesem Gespräch unbeirrt fort, die Wahrheit über die Gefangenenlager auf Zypern zu berichten. Was bedeutete es, als Jude auf Zypern zu leben?

Es bedeutete, monatelang, vielleicht jahrelang hinter Stacheldraht zu leben. Es bedeutete, die Todeslager, die Todesmärsche, die DP-Lager, die winzigen Fischerboote, die illegalen Seereisen und die britischen Zerstörer überlebt zu haben. Es bedeutete, einen Fuß auf den Boden von Haifa gesetzt zu haben und den anderen auf ein Gefangenenschiff, das hierherfuhr, nach Zypern. Diese Juden waren in meinen Augen Pioniere, wie sie die Welt noch nicht gesehen hatte. Diese Juden waren Menschen, die ein unendlich starker Glauben oder aber tiefste Verzweiflung getrieben haben mußte, um diesen Weg zu gehen, von dem sie doch jede Minute und bei jedem Schritt wußten, daß er durch Zypern führen würde. Diese Juden sind entweder Verrückte oder Menschen mit einem Traum, den niemand töten kann.

Die Geschichtsbücher, so glaubte ich, würden diese Menschen eines Tages als die größte Horde beschreiben, die Europa freiwillig und in dem Bewußtsein verließ, daß einige sterben und andere getötet werden würden, daß ihre Schiffe vielleicht von der britischen Marine zerstört werden und daß sie Gefangene in dieser Hölle von Zypern sein würden, und doch nicht aufgab.

Eines Tages verkündeten die Briten, daß 500 Waisenkinder sofort nach Palästina gehen dürften. Andere Flüchtlinge, die für die Ausreise vorgesehen waren, würden dafür zurückgestellt. Die Kinder baten darum, daß ein alter ungarischer Geiger, der jede Nacht gespielt hatte, bis sie einschliefen, und dabei von einem Zelt zum anderen gegangen war, die Erlaubnis erhielt, mit ihnen zu gehen. »Er ist unser Vater«, sagten sie. Die Briten entschieden weise und sagten ja.

Major Maitland, der sich auf die Suche nach den Schuhen begeben hatte, überbrachte den Kindern die Nachricht. Er rief sie alle zusammen und las ihnen feierlich mit nervöser Stimme die wunderbare Erklärung vor. Doch sie verzogen keine Miene. Plötzlich verstand er: Sie sprachen kein Englisch. Also ließ er die Erklärung in den Sand fallen und sagte: »Seht her.« Er bewegte seine Hände. »Schiff!« Dabei formte er in der Luft ein Schiff. »Fahren!« Er zeigte hinter den Zaun aufs Meer. »Palästina!« Und die Kinder kreischten vor Freude. Sie hüpften auf den Major, und ein kleines Mädchen gab ihm einen zaghaften Kuß.

Nun feierten die Leute freudige Abschiedsfeste. Die Kinder bekamen wundervolle kleine Geschenke, eine Fotografie, eine kleine Kerze, ein Deckchen, das aus einem Todeslager gerettet worden war – alles, damit sie eine schöne Erinnerung an Zypern hätten. Niemand schlief bei all der Aufregung. Endlich, um vier Uhr morgens, war es Zeit zu gehen. Die Kinder gaben ihre Militärdecken zurück und ihre Tassen und Teller aus Blech. Sie standen in einer Schlange und kletterten auf Lastwagen, die sie nach Famagusta brachten. Dort gab es drei Gefangenenschiffe. Das erste, die *Empire Lifeguard*, war bereits ausgelaufen. Die Kinder und einige Erwachsene wurden an Bord der übrigen zwei Schiffe, der *Empire Rest* und der *Empire Comfort*, gebracht. Der Major stand auf dem Dock. »Goodbye, Major«, sangen ihm die Kinder in ein paar schnell erlernten Worten auf englisch zu. Er winkte und schaute zur Seite.

Als die Kinder die Gangway hochstiegen, sangen sie »Hatikva«. Sie reisten von der letzten Station des Exodus mitten ins Herz Palästinas. Aus den Schiffen erschollen laute Rufe und Gesang. Lange nach Sonnenaufgang lagen sie immer noch vor Anker, doch niemand schenkte dem irgendwelche Beachtung. Es gab immer Verspätungen. Doch es wurde Mittag und drei Uhr nachmittags, und die Schiffe hatten noch immer nicht die Anker gelichtet. Man flüsterte sich zu, daß sie bei Sonnenuntergang fahren würden. Es wurde dunkel, und sie blieben da.

»Was ist los?« rief jemand. »Warum fahren wir nicht?« Die Wachen sagten nichts. Zwei kleine Jungen, die auf einer Stahltreppe saßen, fingen an zu wimmern.

Spät am Abend erschien ein Offizier. »Gegen die *Empire Lifeguard*«, sagte er, »ist heute morgen in Haifa eine Sabotageakt verübt worden. Diesen Monat können keine Schiffe mehr in den Hafen einlaufen.«*

Also wurden die Kinder wieder die Gangway hinuntergeführt. Auf dem Kai durchsuchten die Soldaten ihr Gepäck nach Bomben. Sie zerrissen einige ihrer Geschenke, die sie zum Abschied bekommen hatten. Ein kleines Mädchen hatte ein Bild ihrer Mutter aus Auschwitz gerettet. Einer der Soldaten riß es in Stücke. Das kleine

---

* Der Sabotageakt war das Werk der Hagana. Sie wollte auf diese Weise dem britischen Quotensystem ein Ende setzen. Die Bombe explodierte, nachdem alle vom Schiff gegangen waren. Es gab keine Todesopfer.

Mädchen sammelte die Stücke wieder ein, ging auf dem Kai auf und ab und sagte zu allen: »Kannst du mir helfen, meine Mutter zusammenzusetzen?«

Ein übermüdeter Wachposten ergriff die Geige des ungarischen Geigers und brach sie entzwei, um nach einer Bombe zu suchen. Der Geiger kniete sich hin und sammelte die Bruchstücke seines Instruments zusammen. Dann stieg er wie benommen mit den übrigen auf einen Lastwagen.

Es war kurz vor Mitternacht. An den Lagertoren gab es Lebensmittel, doch niemand rührte sie an. Die Kinder gingen schweigend zu den Toren, setzten sich dann aber außerhalb des Lagers auf den Boden. Erschöpft von der Hitze, dem Warten, der Verwirrung und der Ernüchterung, weigerten sie sich hineinzugehen.

Sie schienen wie Menschen, die schon einmal auf dem elektrischen Stuhl gesessen hatten und dem Tod entkommen waren, doch nun wieder dorthin zurückkehren mußten. Ein junges Mädchen hinter den Toren aus Stacheldraht, das gesehen hatte, wie sie schweigend, mit schlurfendem Schritt zu den Toren gegangen waren, bemerkte: »Genau so sind sie in die Gaskammern gegangen. Sie haben nie geschrien. Sie sind einfach schweigend hineingegangen, wie Tote.«

Port-de-Bouc

Endlich kam die Nachricht. Über ihre eigenen Informationskanäle erfuhren die Gefangenen auf Zypern, daß die Juden von der *Exodus* nicht kommen würden. Selbst Zypern war zu gut für sie. Die Leute von der *Exodus* wurden nach Port-de-Bouc in Südfrankreich zurückgebracht. Solch ein Schachzug, glaubte man in London, würde den Alija Bet zerschlagen und die illegale Einwanderung für immer beenden. Keine weiteren Juden würden es wagen, die britischen Blockaden zu durchbrechen.

Ich flog zurück nach Jerusalem, schloß mich wieder dem *United Nations Special Committee on Palestine* an und flog mit den Mitgliedern nach Deutschland und Österreich, wo wir mit einigen der 250.000 DPs sprachen, die darauf warteten, von der Welt eine Antwort zu erhalten. Das Komitee gab ihnen diese Antwort in Genf. Mit einem Mehrheitsbeschluß stimmte das UN-Komitee für die Teilung Palästinas in einen jüdischen und einen arabischen Staat. Jerusalem mit seinen heiligen Orten, die von drei großen Religionen verehrt werden, sollte unter der Mandatsverwaltung der Vereinten Nationen bleiben.

Während das Komitee seinen Bericht verfaßte, flog ich nach Paris und Marseille. Von Marseille fährt man mit dem Taxi eine Stunde bis zu der kleinen Hafenstadt Port-de-Bouc.

Wäre da nicht die Tragödie der 4.500 Menschen gewesen, die sich in sengender Hitze auf dem Meer befanden, hätte der Kai alle Ansprüche eines Spionagefilms mit Humphrey Bogart erfüllt. Ich weiß nicht, wie ein Spion aussieht, aber die Menschen, die in den heruntergekommenen Bistros und Cafés am Hafen saßen, zeigten all die typischen Posen von Kinospionen. Ein Mann hing tief in seinem Stuhl, hatte seinen Hut verwegen über ein Auge gezogen und gab vor zu schlafen, doch ganz offensichtlich entging ihm nichts. Jedes Auto wurde vorsichtig beobachtet. Jeder Neuankömmling wurde sofort vermerkt.

Wenn man die Hauptstraße entlangfuhr, bog man in einer scharfen Rechtskurve zum Kai ab, an dem kleine Boote festgemacht hatten. Parallel zum Kai verlief rechts eine gut ausgebaute, breite Straße für Lastwagen. Rechts hiervon befand sich eine Baumreihe, eine weitere breite Straße für Autos und schließlich die für den Mittelmeerraum typische Hafenstraße mit ihren Cafés, Hotels und heruntergekommenen Häusern. Die erste breite Straße war mit einem Seil abgesperrt. Dieses sollte, wie man mir später erklärte, Spione vom Kai fernhalten. Allerdings konnte man über die anderen Straßen genausogut zum Kai gelangen, so daß das Seil eher von symbolischer Bedeutung war und niemanden wirklich abhielt.

Es gab zwei Cafés, die für das Schicksal der Juden auf den Gefangenenschiffen von Bedeutung waren. Das eine war das Café *Le Provençale* ganz am Ende des Kais: Hierher gingen die Briten. Die Besitzerin war eine alte, dicke Französin, die das Geschäft zusammen mit ihrer Tochter, einem attraktiven, aber völlig verwirrten jungen Mädchen, betrieb. Beide Frauen drehten bei dem plötzlichen Trubel in Port-de-Bouc schnell durch. Denn die Gefangenenschiffe mit den *Exodus*-Leuten hatten dem kleinen Dorf internationale Aufmerksamkeit beschert. Auf jedem der drei Schiffe befanden sich 1.500 Menschen – zusammen mehr als in dem gesamten Ort, wo etwa 3.000 lebten. Jegliche Aktivität im Ort kreiste nun um die Menschen, die sich auf den Schiffen jenseits des Wellenbrechers befanden. Die französische Café-Besitzerin hatte augenscheinlich nie zuvor so viel zu tun gehabt.

Der britische Konsul, die britischen Korrespondenten und andere Besucher saßen allesamt an den drei runden Tischen im Freien. Drinnen setzte sich niemand hin, wo Dunkelheit und Sägespäne den Schmutz nur oberflächlich kaschierten. Es gab drei *pièces de la maison:* französisches Eis, ein schlechtes Bier und eine Innovation in Port-de-Bouc – Pommes frites für 15 Francs die Tüte. Häufig sah man die Engländer manierlich eine Tüte Pommes frites essen, die sie in der einen Hand hielten, während die andere ein Glas mit gelbem Schaum umschloß.

Die Juden und die Franzosen teilten sich ein Café, das weiter unten in der Hafenstraße lag, in Sichtweite zum britischen Café, doch etwa einen Block davon entfernt. Es hieß *Le Commerce* und verfügte über sieben oder acht Tische im Freien. Hier saßen französische Gendarmen mit leuchtend blauen Uniformen und Mützen, einige Unterweltgestalten aus dem Hafenmilieu, die jede Form von Macht oder auch keine repräsentieren konnten, ein amerikanischer Mitarbeiter des Joint und französische Sozialarbeiter, die für das französische Sozialamt, die *Entraide Française,* tätig waren. Dann waren da die Jungs von der Hagana, die sich an den Tischen Notizen machten, gelegentlich zum Telefon im hinteren Teil des Cafés eilten, um Paris anzurufen, oder zu den Booten hetzten, wenn wieder amerikanische oder französische Hilfsgüter angekommen waren und zu den Gefangenenschiffen gebracht werden mußten. Einige von ihnen trugen offene Hemden und lange Hosen, andere Badehosen. Schließlich saßen da noch die Mädchen der Hagana, die eine Art Madame-Defarge-Strick-Corps bildeten. Sie waren alle jung, um die 18 oder 20. Sie trugen einfache Blusen und Röcke aus Baumwolle und weder Make-up noch Nagellack und keine Seidenstrümpfe. Sie sahen aus wie junge, blasse Idealistinnen, die für eine gute Sache kämpften. Einige waren Amerikanerinnen, andere Flüchtlinge aus Deutschland und Österreich, deren Englisch aus jener seltsamen Mischung von Oxfordklängen und deutschem Rhythmus bestand. Sie waren die Verbindung zur Außenwelt: Die Flüchtlinge auf den Gefangenenschiffen steckten Briefe in leere Dosen und warfen sie in die Motorboote. Wer solche Briefe fand, gab sie den Hagana-Mädchen, die sie verschickten. Manchmal waren nur Adressen hingekritzelt, dann schrieben die Mädchen auch die Briefe. Neben ihren anderen Tätigkeiten strickten sie hellrosa und hellblaue Söckchen für die Neugeborenen auf den Gefangenenschiffen.

Die älteste Person auf dem Kai war der Abbé. Der Abbé war ein großer französischer Priester mit langer, wehender schwarzer Robe, dicken Brillengläsern, dunkelbraunem Haar mit einigen grauen Strähnen und einer groben, fettigen Haut. Er trug eine sehr geschäftsmäßig wirkende braune Lederaktentasche und eilte auf dem Hafengelände hin und her, stets sein Gewand hochraffend, wenn es ihn behinderte. Oft sah man ihn in Gesellschaft von M. Blumel, der die französische Regierung vertrat und ein führender Zionist in Paris war.

Während des Kriegs hatte der Abbé für die Rettung von Juden Beachtliches geleistet. Es war ganz offensichtlich, daß die Rettung von Flüchtlingen für ihn von höchster Dringlichkeit war. Er half dabei, die französischen Ärzte an Bord zu bringen, jene Ärzte, die der Presse von den Zuständen an Bord berichteten und mit ihr zusammen den Ausdruck »schwimmendes Auschwitz« prägten. Er arbeitete mit der Entraide Française und dem Joint zusammen. Sie brachten den Menschen Lebensmittel. Kaum waren die Schiffe gelandet, hatten sich die Briten geweigert, die Flüchtlinge weiterhin mit Nahrungsmitteln zu versorgen. Am ersten Tag, an dem sie im Hafen lagen, erklärten die Briten den Franzosen, daß es auf einem Schiff weder Wasser noch Lebensmittel für den nächsten Tag gab und zwei Schiffe zwar noch genügend Lebensmittel für eine Mahlzeit, jedoch überhaupt kein Wasser mehr hatten. Sie erklärten den Franzosen, sie hofften, die Menschen würden die Schiffe vor Hunger verlassen. Die französischen Behörden und der Abbé entschieden jedoch, daß in französischen Gewässern niemand hungern müßte.

Jeden Tag wurden amerikanische und französische Lebensmittel auf Boote geladen und zu den Schiffen gebracht. Und jeden Abend fuhr die gesamte Hafenkolonie von Agenten, Korrespondenten, britischen Detektiven, amerikanischen und französischen Sozialarbeitern, Jungs und Mädchen von der Hagana sowie der Abbé mit seiner Robe und seinem schweren Kreuz wieder von Port-de-Bouc zurück zum Hotel *L'Arbois* in Marseille. Dort saßen sie dann bis Mitternacht in der Cocktail-Lounge, beobachteten einander mißtrauisch und flüsterten hinter vorgehaltener Hand, wer wen für wen ausspionierte.

In der Zwischenzeit schwamm eine ganze Stadt von Juden im heißesten Sommer in der Geschichte Marseilles in den Gefangenenschiffen auf dem Meer. An meinem ersten Tag in Port-de-Bouc begegnete ich einem Seemann, der gerade von den Schiffen gekommen war: Eli Kalm, 26, ein schlanker, gutaussehender Kriegsveteran mit gelocktem, schwarzem Haar, lachenden schwarzen Augen und einem großtuerischen Gehabe, das man sogar seiner Stimme anmerkte. Er war ein Mitglied der Crew gewesen. »Ich? Ich bin bloß ein Ganove aus der Bronx. Aber diese Leute da drüben, Baby, die sind großartig. Sie rasieren sich jeden Tag und richten sich her. Man könnte meinen, sie wollten die Park Avenue entlangpromenieren. Sie denken, die sind am Ende? Kindchen, wer hier am Ende ist, das sind die Engländer. Die sind die eigentlichen Gefangenen. Die wollen heim. Berühmte Fallschirmspringer – und nun sind sie damit beschäftigt, Kindermädchen für jüdische Babys zu spielen.«

Ich war mir nicht sicher, ob die Briten mir überhaupt je erlauben würden, an Bord der Gefangenenschiffe zu gehen, darum fragte ich Eli, wie es dort war. Seine Beschreibung war mir unvergeßlich. »Stell dir vor, du bist in der New Yorker U-Bahn. Es ist August, ein verdammt heißer August, und es ist Hauptverkehrszeit. Sie haben die Ventilatoren ausgeschaltet, die Türen zugeknallt, und nun stehst du da fünf Wochen lang aneinandergedrückt.«

Ich konnte nur legal auf die Schiffe kommen, wenn ich die Erlaubnis des zuständigen britischen Konsuls, Edward Ashcroft, erhielt. Mr. Ashcrofts Büro in Marseille erklärte mir, daß er in Port-de-Bouc sei. Vier Stunden lang lief ich am Kai zwischen dem Café der Französin und dem Le Commerce auf und ab. Am späten Nachmittag sah ich den Konsul aus einem Motorboot springen, gefolgt von einem Offizier, der die berühmte rote Uniformmütze der 6. Luftlandedivision trug. Ehe ich sie anhalten konnte, hatten sie den großen Botschaftswagen erreicht, der vor dem Café der Französin parkte – wie ein Pferd, das man vor seinem Wassertrog angebunden hat.

Als sie gerade die Wagentür öffneten, hatte ich sie eingeholt und stellte mich vor. Ashcroft nickte zur Begrüßung. Er war ein gutaussehender Mann, knochig und schlank, mit dem schwarzen CID-Schnurrbart, den die meisten Polizisten in Palästina trugen, und einem ausdrucksstarken Mund, der sich viel bewegte, so daß man sich letztendlich mehr auf seinen Schnurrbart und seine Zähne konzentrierte als auf irgendeinen anderen Teil seines Gesichts oder Körpers. Er sprach schnell und nervös, wie ein Mann, der einen Drink brauchte. Er entsprach dem Bild eines verbindlichen britischen Diplomaten nicht mehr als beispielsweise ich selbst. Er trug ein etwas mitgenommenes weißes Hemd und weiße Shorts, jeweils von der Hitze reichlich zerknittert. Hiermit möchte ich jenen Sozialkritikern widersprechen, die behaupten, daß nur Engländer Shorts tragen können, ohne albern auszusehen. Ich denke, auch die Briten bilden da keine Ausnahme.

Doch es waren nicht Mr. Ashcrofts zerknitterte Shorts und dünnen Schenkel, die auffielen, es war vielmehr der bedrückte und unglückliche Gesichtsausdruck, als ich ihm sagte, daß ich auf die Schiffe gehen wolle.

»Ich kann Sie heute nicht drauflassen«, sagte er schnell und sprang in den abfahrbereiten Wagen.

Der Offizier in seiner Begleitung war da gesprächiger. »Ich bin derjenige, der Sandstrom und Simich vom UNSCOP durch alle drei Schiffe geführt hat, als sie in Haifa lagen. Wir haben ihnen alles gezeigt«, erklärte er, »insbesondere die Mannschaftsquartiere.«

Ashcroft wurde nervös. Er rutschte auf der Sitzbank herüber, öffnete die Wagentür und winkte dem Offizier zu.

Dieser sagte: »Warum kommen Sie nicht mit uns? Wir wollen in Martigues einen Drink nehmen. Dort sind wir ungestört.«

Ich war jedoch entschlossen, die Gefangenenschiffe noch an diesem Tag zu sehen. Ashcroft startete den Wagen und lächelte nervös mit einem Ausdruck der Erleichterung. »Gut, bis dann. Tut mir schrecklich leid, wissen Sie, aber da kann ich heute nichts machen, so ist das nun mal«, und fuhr davon.

Ich ließ das britische Café hinter mir und ging die Kaistraße zum Le Commerce entlang. Nach kurzer Zeit traf ich einen französischen Polizeibeamten in Zivil, der einwilligte, mich im Polizeiboot hinauszufahren, damit ich mir die Lage der Dinge ansehen konnte. Er

Auf diesem Boot fahren mich die freundlichen französischen Gendarmen zur Runnymede Park *hinaus.*

nahm zwei Gendarmen mit. Die drei Männer eskortierten mich zum Dock, halfen mir ins Boot, gaben Gas, und in wenigen Minuten tuckerten wir durch den Hafen. Wir sahen die für Friedenszeiten ganz normalen Tätigkeiten in Port-de-Bouc: Ein Schiff wurde aufgetankt, ein anderes repariert.

Wir fuhren hinter einen trostlos aussehenden Wellenbrecher aus grauem Stein mit einem ebenso trostlos grauen Leuchtturm darauf. Ein Boot mit britischen Soldaten, die rote Uniformmützen trugen, fuhr an uns vorbei. Die Jungs hätten Landurlaub und führen in die Stadt, erklärten die französischen Gendarmen. Gerade noch in der Drei-Meilen-Zone, auf der dem Meer zugewandten Seite des Leuchtturms, sahen wir nun die Schiffe – zuerst die *Runnymede Park*, nach dem Ort benannt, an dem Großbritanniens Magna Charta unterzeichnet worden war. Gut 250 Meter davon entfernt lag die *Ocean Vigour* und etwa 650 Meter von beiden die *Empire Rival*.

Am Bug eines jeden Schiffs befand sich ein Käfig aus Gitterstahl, der nicht einmal ein Drittel des Decks einnahm. Oben war verrosteter Stacheldraht angebracht. In dem Käfig befanden sich halbnackte Menschen. Einige von ihnen winkten uns, wir sollten näher herankommen. Wir schauten schweigend hinüber. Die Gendarmen zeigten auf die zwei anderen Drittel des Decks, wo sich britische Soldaten und Mannschaftsmitglieder in Badehosen sonnten. Einige von ihnen angelten. In der Nähe der Gefangenenschiffe schwammen Soldaten vergnügt im Mittelmeer, andere paddelten in einem Rettungsboot herum und sahen aus wie Sommerurlauber an der nahegelegenen Riviera.

Die Atmosphäre auf dem Boot war angespannt. Die Franzosen schauten einander an, dann mich und schüttelten schließlich den Kopf.

»Wir schämen uns dafür«, sagte einer von ihnen.

»Sie sind dafür nicht verantwortlich«, erwiderte ich.

»Menschliche Wesen müssen sich einfach schämen, wenn sie irgendeine Ungerechtigkeit sehen.«

Genau das war es. Mit französischer Präzision hatte er das Grundproblem erfaßt, das hinter der tragischen Geschichte der *Exodus* stand. Es ging nicht darum, daß die Flüchtlinge Juden waren. Sie hätten ebensogut Indonesier oder Hindus, Griechen oder Türken sein können. Überall auf der Welt wurden Menschen hingeschlachtet, Hunger ausgesetzt, bedroht, versklavt. Doch in diesem kleinen Hafen konnte man die späten Folgen einer Ungerechtigkeit sehen. Hier manifestierte sich die moralische Bankrotterklärung der Ideale der Magna Charta in den Wirrnissen unserer Zeit. Durch Stacheldraht und Eisengitter sahen wir die Veräußerung einst unveräußerlicher Rechte auf Leben und Freiheit. Dies war eine bittere

Die Runnymede Park *ankert vor Port-de-Bouc in Frankreich. Dem britischen Außenministerium sind die Gefangenenlager auf Zypern noch zu gut für die Juden von der Exodus. Sie schicken sie auf den drei »Lazarettschiffen« nach Port-de-Bouc in Südfrankreich und lassen sie dort drei Wochen in unerträglicher Hitze warten.*

Ironie, über die später nur die Deutschen auf den Docks im Hamburger Hafen würden lachen können.

»Viele von uns«, sagte der Franzose, als wir um die Schiffe herumfuhren, »waren im Krieg in deutschen Gefangenenlagern. Ich war fünf Jahre lang interniert. Ich weiß, wer der Feind ist. Die Menschen auf diesen Schiffen sind es nicht.«

Ich fragte einen der Gendarmen, ob er irgend etwas dagegen hätte, wenn ich vom Schiff aus Fotos machte. Er zuckte mit den Achseln. »Ich habe nichts dagegen, wenn die andern nichts dagegen haben.« Ich ging zum zweiten Polizisten hinüber und fragte ihn. Er schaute den dritten Gendarm an und sagte: »Mir ist es egal, wenn es ihm nichts ausmacht.« Der dritte Gendarm schüttelte den Kopf. »Ich habe überhaupt nichts dagegen.« Als wir zum Kai zurückkamen, sagte einer der Gendarmen zu mir: »Sie sollten Ihre Kamera jetzt besser wegpacken. Auf dem Kai sind Gendarmen.«

Während der langen Tage, die ich auf Mr. Ashcrofts Entscheidung wartete, reiste ich ständig zwischen Le Commerce und dem Hotel L'Arbois hin und her und versuchte zu rekapitulieren, was bei der Ankunft der Gefangenenschiffe geschehen war.

Die *Exodus* hatte zu einer Regierungskrise geführt. Es gab eine seltsame Parallele zu dem Fall der 1.000 Flüchtlinge, die Präsident Roosevelt in den sicheren Hafen von Oswego im US-Bundesstaat New York eingeladen hatte. Obwohl sie drei Jahre auseinanderlagen, bewirkten beide Angelegenheiten eine ernstzunehmende Kabinettsspaltung. In Frankreich hatte Außenminister Bidault auf Drängen Bevins darauf bestanden, die Menschen zu zwingen, von Bord der Schiffe zu gehen, ob freiwillig oder nicht. Innenminister Dupré lehnte dies ab. Marseille, sagte er, sei nicht Haifa. In französischen Gewässern werde keine Gewalt angewandt, hier würde es keine Schädelbrüche geben. In Amerika hatten das Außenministerium und das Justizministerium argumentiert, daß die Oswego-Flüchtlinge nach Kriegsende wieder nach Europa geschickt werden müßten. Innenminister Harold L. Ickes bestand darauf, daß sie blieben – die Gastfreundschaft Amerikas stand auf dem Spiel. Zuletzt setzte sich das Innenministerium gegen beide durch – in Amerika wie auch in Frankreich.

Einer der Franzosen erzählte mir, daß das französische Kabinett dafür gestimmt hatte, allen Asyl anzubieten, die bereit waren, in Frankreich von Bord zu gehen. Es wurde eine Delegation ausgewählt, die bei der Ankunft der Schiffe in Port-de-Bouc an Bord gehen sollte, um den Flüchtlingen Frankreichs Gastfreundschaft zu versichern. Fast alle nahmen an, daß die meisten Flüchtlinge bereitwillig von Bord gehen würden. In seinen Berichten hatte Lieutenant Colonel Martin Gregson, der kommandierende Offizier auf den Gefangenenschiffen, dem britischen Außenministerium in Downing Street versichert, daß die Juden an Land gehen würden.

Der Colonel hatte sogar einen Plan. Er sorgte dafür, daß die *Ocean Vigour* näher vor der Küste ankerte. Das »Lazarettschiff« galt als dasjenige, das sich am leichtesten würde räumen lassen, da viele Kinder, Frauen, Familien und Kranke an Bord waren. An Bord der *Runnymede Park* befand sich eine große Zahl junger Leute, die in Haifa nur widerstrebend an Land gegangen waren. Es würde schwieriger sein, sie freiwillig von Bord zu bekommen. Die Flüchtlinge auf der *Empire Rival*, die als letzte Haifa verlassen hatten, hielt man für die rebellischsten. Der Colonel ließ die drei Schiffe im Hafen so vor Anker gehen, daß immer etwa drei Kilometer Abstand zwischen ihnen blieben. Sobald die ersten 50 Menschen freiwillig die *Ocean Vigour* verlassen hätten, sollten die Franzosen sie in ein Motorboot setzen und mit ihnen demonstrativ an den anderen beiden Schiffen vorbeifahren. Solch ein Anblick, da war er sich sicher, würde ausreichen, all die anderen Menschen in Bewegung zu setzen.

Der Präfekt von Marseille, die Verantwortlichen der Gesundheits- und Einwanderungsbehörde, der Abbé, M. Blumel und ein Dolmetscher gingen an Bord des ersten Schiffs. Die Erklärung des Kabinetts wurde den Menschen auf französisch, jiddisch und hebräisch vorgelesen. Die Menschen standen auf und sagten: »Wir danken der französischen Regierung, die der Welt gezeigt hat, wie man Flüchtlinge behandelt. Aber *chez nous, à Palestine. Liberté, Égalité, Fraternité, mais chez nous à Palestine. Venez, venez, chez nous. Vous verrez quel beau pays nous avons vu. Nous l'avons vu pendant vingt-quatre heures. Plus tarde nous arrivons.*

Nous n'avons rien à perdu.«* Das ganze Schiff applaudierte und sang »Hatikva«.

Man erzählte mir, daß einer der französischen Beamten durch den Frachtraum ging und über die Leute stieg, die auf dem verschmierten Boden lagen. Er erblickte eine Frau, die einige Stunden vor Ankunft der Schiffe ein Kind zur Welt gebracht hatte und immer noch auf dem blutbedeckten Boden lag. Ihr Baby war in einen Fetzen gewickelt, den man aus dem schmutzigen Kleid der Frau gerissen hatte. Die Frau weinte. Der französische Beamte legte ihr eine Hand auf die Schulter und fragte, warum sie weine. Ob sie in ein Krankenhaus gehen wolle? Er würde dafür sorgen, daß sie sofort dorthin gebracht würde. Sie schüttelte den Kopf. »Ich weine, weil ich Angst habe, daß sie mich zwingen, vom Schiff zu gehen. Ich will nicht von Bord. Lassen Sie nicht zu, daß ich von Bord muß.«

Niemand ging vom ersten Schiff. Nun änderte Colonel Gregson seinen Plan. Er sagte zu dem Präfekten: »Kommen Sie heute um drei Uhr wieder. Wir werden dann 1.000 Flüchtlinge für Sie haben. Morgen können Sie wegen des zweiten Schiffs kommen und am dritten Tag wegen des dritten.« Doch der Präfekt erklärte, er hätte keine drei Tage Zeit. Er wolle alles heute über die Bühne bringen.

Also kehrte er am Nachmittag zurück. Die französischen und britischen Beamten fuhren mit ihrem Boot zum zweiten Schiff. Wieder kam niemand von Bord. Als sie gingen, sagte Colonel Gregson zu den Franzosen: »Es ist sinnlos, heute noch die *Empire Rival* zu besuchen.« Doch der Präfekt bestand darauf.

Inzwischen hatten die Briten die Anker auf der *Empire Rival* gelichtet und waren einige Seemeilen weitergefahren. Der Präfekt und seine Begleiter verfolgten die *Empire Rival* zwei Stunden lang, bis das Schiff endlich anhielt und das französische Boot herankom-

---

* Das bedeutet: »... aber bei uns, in Palästina. Freiheit, Gleichheit, Brüderlichkeit, aber bei uns in Palästina. Kommt, kommt nach Palästina. Ihr werdet sehen, was für ein wunderschönes Land wir gesehen haben. Wir haben es 24 Stunden lang gesehen. Eines Tages werden wir es erreichen. Wir haben nichts zu verlieren.«

men konnte. Die Beamten schauten nach oben und sahen Bettlaken und weiße Unterwäsche, die man durch die Lücken in den Stacheldrahtkäfig gezwängt und mit Lippenstiftröhrchen beschwert hatte. Auf den Laken stand mit Gentianaviolett, mit blauer Tinte oder mit Lippenstift geschrieben:

À nous la Palestine
Liberté, Égalité, Fraternité

Wir danken Frankreich, aber sagt England,
es soll uns hier rausbringen

Wir werden in Europa nur als Tote
von Bord gehen

Die Franzosen und die englischen Beamten kletterten an Bord der *Rival* und blieben erstaunt stehen. Etwas Seltsames ging hier vor sich. Die Flagge, die gelbe Quarantäneflagge, bewegte sich langsam an der Fahnenstange hinunter, und die blau-weiße Flagge Zions mit den ineinander verschränkten Dreiecken des Davidsterns stieg langsam auf.

Sie erfuhren später, daß diese Flagge eine Geschichte hatte. Es handelte sich um die Flagge, die die Amerikanischen Freunde der Hagana der Crew in Baltimore gegeben hatten. Nach der Schlacht auf der *Exodus* tauchte ein siebzehnjähriger Junge, der zusammen mit Hirsch Yakubovich im Waisenhaus für DPs im Kloster Indersdorf gelebt hatte, sie in dessen Blut. Dann wickelte er sie sich um den Körper. Die Soldaten durchsuchten ihn in der Baracke in Haifa, fanden sie jedoch nicht. Er versteckte sie während der ganzen zehn Tage ihrer Reise nach Frankreich, und in der Nacht vor der Ankunft kletterte er mit der Flagge um seinen Körper gewickelt zur Spitze des Masttopps und wartete. Er blieb dort die ganze Nacht und den ganzen heißen Morgen des nächsten Tags, harrte aus ohne Essen und Wasser. Andere Jungen riefen ihm zu, er solle herunterkommen, aber er weigerte sich. Am frühen Nachmittag kamen sie herauf und zwangen ihn, mitzukommen. Einige Stunden später sah er, wie sich das französische Boot näherte. Sofort kletterte er wieder zum Masttopp, band die Flagge sicher am Mast fest und hielt sie so, daß sie alle sehen konnten. Um seinen Hals hing eine Trompete. Zu der wehenden Flagge blies er die ersten Töne von »Hatikva«. Da begann das ganze Schiff zu singen.

Die französische Delegation wußte nun, daß niemand von Bord gehen würde. Sie verließen die *Rival*, auf der die Transparente an dem Stacheldrahtkäfig in der Sonne wehten. *À nous la Palestine. Liberté, Égalité, Fraternité.*

Hat man es mit England zu tun, ist immer das Wetter mit im Spiel. Zuerst litt Port-de-Bouc unter der schlimmsten Hitze in seiner Geschichte. Die Briten waren sich sicher, daß die Hitze die Menschen von Bord treiben würde. Aber sie schaffte es nicht. Dann kam der Regen. Vier ganze Tage goß es in Strömen. Der Regen klatschte gegen die Gefangenenschiffe; sie erzitterten im Donnergrollen. Niemand konnte draußen in den Gitterstahlkäfigen bleiben, und so mußten sich auf jedem Schiff 1.500 Menschen in die Frachträume unter Deck zwängen. Das Wasser floß durch die Gitterfenster über den Frachträumen, und es gab keine Abdeckplanen. Die Gefangenen konnten sich nicht einmal hinlegen, da es einfach nicht genügend Platz für sie alle gab. Sie standen Tag und Nacht aufrecht aneinandergedrückt und versuchten, ihre Körper vor dem Wasser zu schützen. Wer Glück hatte, konnte sich gegen eine Wand lehnen. Doch das ging nur nachts. Tagsüber wurden die Wände zu heiß, und ihre Körper fühlten sich wie verbrüht an.

Die Briten waren sich sicher, daß der Regen erreichen würde, was der Sonne nicht gelungen war. Jetzt würden die Menschen gewiß nachgeben und die Gefangenenschiffe verlassen. Aber sie hatten ihre Gefangenen noch immer nicht verstanden. Auf der *Runnymede Park* wandte sich eine Gruppe von Anführern an Kapitän Barclay und bat darum, er möge doch den Menschen, die bisher an Deck geschlafen hatten und dort wegen des heftigen Regens nicht bleiben konnten, in andere leere Frachträume lassen. Das Gespräch, an dem neben den Flüchtlingen und Kapitän Barclay noch Colonel Gregson und ein Army Captain beteiligt waren, wurde unmittelbar nach dem Zusammentreffen schriftlich festgehalten. Die Aufzeichnung läßt erkennen, welcher Art die Berichte waren, die die Briten nach Downing Street sandten und auf deren Grundlage Außenminister Bevin seine *Exodus*-Politik machte:

ANFÜHRER DER JUDEN: Für 300 von uns gibt es bei diesem Regen keinen überdachten Schutz. Wenn diese Leute in die Frachträume hinunterkommen, wird die Enge unerträglich. Wir bitten Sie, den betreffenden Flüchtlingen einen zusätzlichen Platz zur Verfügung zu stellen.
BRITEN: Es gibt keinen zusätzlichen Platz. Außerdem ist die französische Küste ganz nah, und wer möchte, kann von Bord gehen.
ANFÜHRER DER JUDEN: Wir haben diesen Satz schon so viele Male gehört. Sie sollten inzwischen wissen, daß die Flüchtlinge unter keinen Umständen von Bord gehen werden.
BRITEN: Die Mehrheit möchte durchaus von Bord gehen, doch Sie halten sie gewaltsam davon ab. Sie haben ganz klar gelogen, als Sie gegenüber dem französischen Reporter erklärten, alle könnten sich frei entscheiden, ob sie vom Schiff gehen möchten oder nicht.
ANFÜHRER DER JUDEN: Lassen Sie mich nochmals nachdrücklich betonen, daß die Juden aus freiem Willen und aus eigenem Antrieb an Bord bleiben und sich weigern, an Land zu gehen. Ich bin darauf vorbereitet, zusammen mit den anderen Vertretern des Komitees verhaftet oder auf ein anderes Schiff gebracht zu werden. Dann werden Sie sich davon überzeugen können, daß die Weigerung der Flüchtlinge, das Schiff zu verlassen, ihre freie Entscheidung ist.
BRITEN: Ich wiederhole, daß Sie weder nach Palästina noch nach Zypern zurückkehren werden. Falls Sie hier nicht an Land gehen, erwartet Sie eine lange und beschwerliche Reise. Sie erwartet nur Leid. Machen Sie Gebrauch von diesem großzügigen französischen Angebot und gehen Sie an Land.
ANFÜHRER DER JUDEN: Das sind keine Neuigkeiten für uns. Wir kennen dieses Lied nur zu gut und wir sind es leid, es immer wieder zu hören. Haben Sie uns irgend etwas Neues zu erzählen?

BRITEN: Es gibt keinen zusätzlichen Platz für Sie.
ANFÜHRER DER JUDEN: Wir kommen damit zurecht. Vielen Dank. Aber glauben Sie nur nicht, daß Ihnen der Regen helfen wird.

Die Leute, die im Le Commerce an ihren schattigen Plätzen saßen und ihr Bier tranken, mußten pausenlos über den unglaublichen Mut der Menschen auf den Schiffen sprechen, über ihre standhafte Weigerung, an Land zu gehen.

Pilgerfahrten nach Palästina waren nichts Neues. Im Mittelalter hatten Ritter das Kreuz genommen und waren nach Süden und Osten gezogen. Nun zogen die Juden mit ihrer Flagge Zions erneut nach Süden und Osten. Die Gründe hatten sich geändert, nicht aber die Form. Heute waren die Juden nicht unbedingt religiös, obwohl sich unter ihnen durchaus einige religiöse und orthodoxe Juden befanden. Sie waren aber Juden, für die die Sprache Zions einen Wegweiser und die Geschichte Zions ein Ziel darstellte.

Den Christen, denen das Wort *Jude* stets mystisch und fremd vorgekommen war, erschienen die Juden der *Exodus* als die seltsamsten von allen. Diese Juden hatten sich geweigert, in den Gaskammern zu sterben, sie hatten sich geweigert, in den DP-Lagern zu warten, während die Welt über sie diskutierte oder sie vergaß, und sie ließen sich auch nicht von der Streitmacht Großbritanniens einschüchtern.

Die Geschichten über die Menschen hinter den Gittern muteten wie die Entstehung einer Saga an: Man konnte sie beinahe spüren, die Geburt eines neuen Epos, als die französischen und jüdischen Cafébesucher über das Mädchen sprachen, das Nierensteine hatte. Der Arzt, der die Schmerzen der Achtzehnjährigen mit Morphium betäubte, erklärte ihr, daß er ihr nicht unbegrenzt Drogen geben könne. Sie würde von Bord gehen und ein Krankenhaus aufsuchen müssen. Doch das Mädchen weigerte sich: »Ich werde hier sterben, aber ich werde nicht von Bord gehen.«

Eines der Hagana-Mädchen unterbrach seine Strickarbeit, um mir, als handelte es sich um eine historische Begebenheit, von einer Frau zu erzählen, die dringend eine Blinddarmoperation benötigte.

Auf den Schiffen waren mittlerweile schweizerische Ärzte vom Internationalen Roten Kreuz, französische Ärzte und die Ärzte unter den Flüchtlingen. Einer der Ärzte erklärte der Frau: »Sie müssen in ein Krankenhaus an Land gehen. Ich kann Sie auf dem Schiff nicht operieren. Hier gibt es keine Laken, keine Decken, keine Anästhesie, kein Wasser, keine Möglichkeit, diesen Ort zu sterilisieren. Sie könnten hier sterben.«

Sein Ernst hatte auf die Frau Eindruck gemacht. Aber sie hatte noch eine Frage. »Wenn ich in das Krankenhaus in Marseille gehe, erlaubt man mir dann, auf das Schiff zurückzukehren, wenn mein Blinddarm operiert ist?«

Der Arzt, der um das Leben der Frau fürchtete, wandte sich mit ihrer Frage an die britischen Befehlshaber. Ihre Antwort lautete nein. Wer das Schiff verließ, konnte nicht zurückkehren. Die Frau weigerte sich, an Land zu gehen.

Alle liebten den gutmütigen Mann mit dem weißem Bart, der gesagt hatte: »Ich bin 80 Jahre alt. Meine Frau ist bei mir, wir sind seit 57 Jahren verheiratet. Schauen Sie, wir zwei haben die russische Hölle überlebt, die polnische Hölle und die deutsche Hölle. Wir werden auch die britische Hölle überleben.«

Eines Nachmittags, als wir Marseilles Cannebière entlangspazierten, von den amerikanischen Seeleuten »can o'beer« ausgesprochen und auf diese Weise wörtlich genommen, erzählte mir Eli Kalm, der Seemann aus der Bronx, seine Lieblingsanekdote für meine Sammlung. Die *Exodus* war der Wirklichkeit bereits ein gutes Stück entrückt und wurde zu einem Phantomschiff, auf dem diese seltsamen Menschen einen neuen Mythos schufen.

»Ein Kind von zehn Jahren«, sagte er, »lag auf dem Boden unseres Lazaretts und hustete wie verrückt. Wir alle dachten, daß es an Tuberkulose sterben würde. Ich sagte zu ihm: ›Warum gehst du nicht an Land?‹ Der Junge erklärte mir auf jiddisch: ›Es hat mich schon zu viel Gesundheit gekostet, um auf die *Exodus* zu kommen. Glauben Sie wirklich, daß ich jetzt wieder runtergehe?‹ Einige Tage später untersuchten ihn die Ärzte und stellten fest, daß seine Tuberkulose nicht so schlimm war, wie wir gedacht hatten. Auf jeden Fall nicht so ansteckend. Also erlaubten sie ihm zu bleiben.

Seine Eltern hielten ihn für einen richtigen Helden. Junge, haben die ihn geliebt. Waren so stolz, als hätten sie Johanna von Orleans zur Welt gebracht, eine jüdische Johanna von Orleans.

Alles, woran sie auf diesen Schiffen denken können«, meinte Eli, während wir die Cannebière entlanggingen, »ist die Frage, wann fahren wir? Wann kommen wir hier raus? Wann kommen wir nach Palästina? Ich hatte ein ganz gutes Verhältnis zu Major Gray von der *Rival,* und er sagte ständig zu mir: ›Erklär mir das, Eli, warum gehen sie nicht vom Schiff? Warum sind sie nicht vernünftig? Unsere Jungs mögen sie. Warum bringen sie uns gegen sich auf?‹

›Schauen Sie, Major‹, sagte ich, ›sie wollen nach Palästina gehen, um zu leben, verstehen Sie das nicht? Sie sind nicht hier, um sie zu mögen. Wenn es sein muß, schneiden sie Ihnen die Kehle durch, um dorthin zu kommen. Diese Juden sind kämpferisch geworden. Die sind nicht wie meine Juden in der Bronx. Sie heulen nicht, weil sie etwas nicht haben können. Sie würden in einen siebentägigen Hungerstreik treten. Sie würden sterben, aber sie werden dorthin kommen.‹«

»Was sind das für Menschen, Eli?« fragte ich ihn. Am Horizont versank eine rotglühende Sonne im Mittelmeer.

»Alle möglichen Menschen. Da gibt es einen Burschen, der ist ein reicher Fabrikant aus Düsseldorf. Er arbeitet im Lazarett. Er hat einen reichen Cousin in Tel Aviv, der Schneider ist. Er hat Gray die Adresse von seinem Cousin gegeben, und wenn Gray zu seinem Posten nach Palästina zurückkehrt, kriegt er eine schicke neue Uniform.

Auf der *Rival* gibt es eine Menge Ungarn«, erzählte Eli. »Die waren in den Arbeitslagern, haben Tätowierungen von Auschwitz am Arm, aber sie sprechen nicht darüber, erwähnen es nie. Wir haben einen Burschen, der den ganzen Krieg über in Rußland war. Er hat diese großen Lederstiefel, die die Rote Armee in Sibirien trägt. Jeden Morgen, wenn du aufwachst, steht er da, nimmt seine Stiefel von der Wand und putzt sie, als ob es zum Appell ginge. Sie haben uns Amerikaner immer ›Schokoladniki‹ genannt, weil wir Schokoladeriegel mochten. Wir hatten sogar einige französische Marokkaner und einen Haufen französischer Faulenzer, die ständig Lieder von Pig Alley sangen. Da herrscht ein richtiges Großstadtleben, mit dem einzigen Unterschied, daß sie mehr singen als in einer Großstadt. Ich vermisse sie, ehrlich. Wie sie sich auf diesem Schiff saubergehalten haben! Wir hatten zwei Latrinen in einer Zelle und in jeder Latrine sechs Löcher. Kein fließendes Wasser, bloß ein paar Tröpfchen Salzwasser, um die Reste ins Meer zu spülen. Vor den Latrinen haben sie kleine Becken, wo sie ihre Wäsche waschen, und dann hängen sie die ganze Wäsche an den Stacheldraht. Die Briten können mit denen nichts anfangen. Die machen aus einem Gefängnis einen Hinterhof, in dem sie Babywindeln aufhängen. Die Kinder werden gewaschen, bevor sie sich selber waschen. Einige von diesen ungarischen Frauen waren wunderschön – und, Junge, haben die sich saubergehalten. Makellos, ehrlich. Jeden Morgen haben sie sich mit dem bißchen, das wir an Bord hatten, hergerichtet, so daß man denken konnte, sie wollten einen Spaziergang auf der Fifth Avenue machen. Vielleicht haben Sie auch gehört, daß sich die Leute auf dem Schiff häufig mal miteinander einlassen würden. Glauben Sie das nicht, Schätzchen. Das sind die moralischsten Leute, die Sie in Ihrem ganzen Leben treffen werden. Sie wissen, wie wir auf diesem Schiffen geschlafen haben, ein Körper dicht am andern. Ich habe ein paar flotte Tritte dafür gekriegt, daß ich einem Mädchen, für das ich mich interessiert habe, ein bißchen zu nahe gekommen bin. Und gerade vor ein paar Tagen, bevor ich an Land gegangen bin, sollte es eine Hochzeit geben. Das Mädchen hat die Hochzeit abgesagt, weil es dort, wie sie sagte, keine Privatsphäre gibt.

Erinnern Sie sich an das Stück in New York, *Jacobowsky und der Oberst*? Diese Leute sind alle Jacobowskys. Sie springen in jeden Graben, den sie sehen. Sie nehmen alles hin, aber sie werden weiterkämpfen, um dorthin zu gelangen. Das ist ein Leben aus Verzweiflung und wunderbarer Hoffnung – ist das Leben gerade wieder mal sehr schwer, fang einfach an zu singen. Jeden Tag kamen sie zu mir hoch und sagten: ›Schokoladniki, was gibt's Neues?‹

›Was gibt's Neues?‹ sagte ich dann. ›Das wißt ihr doch. Es gibt nichts Neues.‹

Das hat sie nicht deprimiert. Sie haben mit den Achseln gezuckt oder einen Scherz darüber gemacht, daß es den Soldaten schlechter ging, daß wir sie auch in der Mangel hatten. Das sind Bibel-Leute, stur, starrsinnig. Und was für eine Lebensfreude! Das einzige, was sie runterzieht, ist der plötzliche Gedanke, daß es niemanden was kümmert, was zum Teufel mit ihnen passiert. Es ist heiß da drüben, es ist verdammt heiß. Du liegst im Hafen, die Sonne brennt den ganzen Tag auf dich runter und es kühlt niemals ab, nicht mal nachts. Ein paar 100 haben Glück und schlafen an Deck in der Zelle. Aber jeder, der auf den Gittern schläft, blockiert die Luftzufuhr für die über 1.000 Leute unten im Frachtraum. Die Fürstensuite befindet sich direkt auf den zwei Latrinen. Jede Nacht haben etwa zehn Leute die Ehre: Sie schlafen auf den beiden Latrinen. Jede Nacht werden einige Frauen im Frachtraum ohnmächtig. Sie werden zur Wiederbelebung ins Lazarett getragen, und dann hilft man ihnen an Deck. Sie dürfen auf dem kleinen Gang um das Gitter schlafen. Vielleicht sogar auf der Toilette.

Den Briten ist es egal, wie wir schlafen. Sie wollen nur nicht, daß irgend jemand auf den Latrinen schläft – aus Angst, sie könnten durchbrechen. Die Soldaten sollen so wenig wie möglich mit den Leuten zu tun haben. Eines Nachts tauchten ein paar Schiffe auf unserer Steuerbordseite auf. Sämtliche Leute in der Zelle liefen rüber, und etwa zehn Leute standen auf dem Toilettenhäuschen, um eine bessere Sicht zu haben. Ein Soldat lief mit seinem Gewehr in die Zelle und zog den Bolzen zurück, als ob er eine Kugel in die Kammer drücken würde. Die Leute lachten nur. Es macht ihnen nichts mehr aus. Der Soldat rannte aus der Zelle raus. Er hatte mehr Angst als sie. Sie hätten ihn in Stücke reißen können.

Wissen Sie, daß jede einzelne Konservendose, die an Bord kommt, mit einem Bajonett durchstoßen wird, um zu sehen, ob da noch irgendwas anderes als Lebensmittel drin ist? Die Leute lachen darüber. Die Bombendrohung. Sie fragten einen Offizier, wie er sich vorstellen würde, daß eine Bombe in eine Büchse Sardinen käme. ›Man kann nie wissen‹, sagte er, ›die Leute sind sehr schlau.‹ Inzwischen sind viele Nahrungsvorräte durch die Bajonette verdorben.«

Von Eli, von anderen amerikanischen Crew-Mitgliedern, die von Bord gegangen waren und nun auf ihre Heimfahrt warteten, und von kranken Flüchtlingen, die man in ein Krankenhaus gebracht hatte, erfuhr ich, wie ein gewöhnlicher Tag auf den Gefangenenschiffen aussah. Der Tag begann um sechs Uhr morgens; man wurde nicht von der Sonne geweckt, sondern von der Hitze, denn auf den Schiffen war es niemals dunkel. Ein großer Suchscheinwerfer tanzte über die Gesichter derjenigen, die in der Zelle im Freien schliefen, während das Licht unbeschirmter großer Lampen die ganze Nacht auf die Gesichter der Menschen in den Frachträumen fiel. Die Gefangenenwärter, die auf den Laufbrettern über dem Gitter entlanggingen, konnten alles beobachten, was unten vor sich ging. Es gab weder eine Privatsphäre noch Ruhe. Harry Weinsaft, eines der Crew-Mitglieder, die von der *Ocean Vigour* gekommen waren, erzählte mir, daß die Patrouillen auf den Laufbrettern leise waren, doch meist gingen die Soldaten direkt auf dem Gitter, was ein klapperndes Geräusch zur Folge hatte, das die Leute fast die ganze Nacht wachhielt.

»Sie müßten diese Gefangenenschiffe kennen. Das ist wieder mal so eine Ironie der Geschichte«, erzählte mir Uri Uhrmacher später einmal. »Das waren frühere Liberty-Schiffe gewesen, die die Amerikaner zur Rettung der Briten geschickt hatten, denn die U-Boote der Nazis dezimierten ihre Flotte. Die Briten verwandelten Sie dann in Gefangenenschiffe mit solch schicken Namen wie *Empire Rival* und *Runnymede Park* und sperrten uns darin ein.«

Es waren die Kinder, die die Moral aufrechterhielten. Man richtete schwimmende Schulen ein. Es gab Anführer der Alija-Jugendbewegung, was im wahren Wortsinn Kinderimmigration bedeutete und vielleicht die größte Kinderbewegung seit den Kreuzzügen war. Tausende verwaiste Kinder waren durch die Alija-Jugendbewegung nach Palästina gebracht worden. Sobald die Menschen realisierten, daß der Aufenthalt in Port-de-Bouc von längerer Dauer sein könnte, begannen sie, die Kinder zu unterrichten, und taten so, als lebten sie bereits in Palästina. Der Lehrplan sah für den Vormittag Arbeit vor, für den Nachmittag Klassenunterricht und Erholung am Abend. Bei der Arbeit am Morgen halfen die Jungen und Mädchen bei der Zubereitung und Verteilung des Essens. Die Briten kümmerten sich weder um die Versorgung mit Nahrungsmitteln noch um das Kochen oder Verteilen. Die Flüchtlinge waren auf sich selbst gestellt. Die Köche unter den Flüchtlingen bereiteten die Lebensmittel, die vom Joint und der Entraide Française geschickt worden waren, mit Hilfe der jungen Leute zu und verteilten das Essen. Das Flüchtlingskomitee teilte die 1.500 Menschen auf jedem Schiff in Gruppen von 30 bis 40 auf, in kleine Kibbuzim, kleine Kollektive. In jeder Gruppe waren vier Leute, die die Zelle verlassen durften, um die Lebensmittel abzuholen. Da die Soldaten immer nur zwei zur gleichen Zeit herausließen, dauerte jede Mahlzeit etwa vier Stunden.

Das Essen war gut, ganz im Gegensatz zu dem auf der Fahrt von Haifa nach Port-de-Bouc, als die Briten den Leuten dehydrierte Armeerationen gegeben hatten. Uri beschrieb das Essen folgendermaßen: »Sie gaben uns Konserven aus dem Ersten Weltkrieg – Suppe mit Würmern drin, Kräcker mit grünem Schimmelpilz.« Gefangene wie Soldaten litten gleichermaßen an Furunkeln, Ausschlägen und an etwas, das man ganz allgemein als Skorbut bezeichnete. Nun halfen die jungen Schüler aus der Alija-Jugendbewegung, die Leute in einer Reihe aufzustellen, während eine Ärztin, die die Franzosen an Bord geschickt hatten, alle mit Gentianaviolett anmalte, das eine Art Kriegsfarbe war. Manchmal wurde der ganze Kopf damit bedeckt, einschließlich der Haare, manchmal das ganze Gesicht oder Arme, Rücken oder Beine.

Die Haut mancher Menschen war für das ganze Leben mit Pockennarben gezeichnet, doch andere wurden geheilt, und die Heilung dieser Leiden wurde wie ihre Ursache der Ernährung zugeschrieben. Mit Sicherheit waren die Nahrungsmittel, die von den Amerikanern und Franzosen an Bord geschickt wurden, besser als das, was viele der Leute während und vor dem Krieg gegessen hatten. Die im Lagerhaus hinter dem Le Commerce aufgestapelten Lebensmittel sahen wie ein internationales Erntefest aus. Die eingebrannten Schriftzeichen auf den Holzkisten erzählten eine Geschichte internationaler Unterstützung: *Steak in Irish Stew* (das aus Amerika kam), *Corned Beef* aus Argentinien, *Französische Sardinen* in Olivenöl, französische und amerikanische *Dosenmilch* und sogar etwas aus Palästina – *Assis Jam*. Jeden Tag füllten junge jüdische Freiwillige am Kai die Boote mit Kisten voll frischer

Birnen, Säcken mit Baguettes, Zwiebeln, Kartoffeln und sogar Büchern.

Am Nachmittag entsprach der Unterricht regulären Schulen. An schönen Tagen wurde er in der Zelle auf Deck vor den Latrinen abgehalten. Ältere Menschen wechselten sich beim Unterrichten ab. Meist lehrten sie die hebräische Sprache und Literatur und die biblische Geschichte vom Exodus aus Ägypten. Wenn die Kinder ihre Augen schlossen, konnten sie vergessen, daß der Gestank von den Latrinen kam, daß sie sich in einer Zelle befanden und britische Soldaten sie beobachteten und daß die Hügel in der Ferne jene von Südfrankreich waren. Für einen kurzen Moment konnten sie träumen, sie wären inmitten der Hügel Israels und würden den Duft von Olivenbäumen und Orangenhainen riechen.

Jeden Abend um sieben wurde im überfüllten Frachtraum etwas Platz geschaffen, wie eine Art kleine Arena. Die großen unbeschirmten grellen Lampen brannten auf die Gesichter der Schwachen und der Starken, auf die alten Krieger und die Kinder. Jeden Abend bildeten sie eine Volksversammlung der »Displaced Persons«. Sie bildeten eine Volksversammlung mit Anführern und Bürgern, in der sie die täglichen Probleme ihrer eigenen Welt im Gefängnis diskutierten, die für sie Wirklichkeit war, sowie über die unwirkliche Welt außerhalb ihres Gefängnisses, die sie vergessen hatte. Sie schufen auch eine Ratsversammlung, in der sie ihre Überzeugungen und ihre Ängste äußerten. Am Abend waren sie ein Volk. Sie grollten einander nicht länger aufgrund tausend Jahre alter nationaler Feindschaften, in denen Ungarn Polen haßten und Polen Deutsche. Sie waren ein Volk. Sie waren ein musikalisches Volk, und sie vermißten die Akkordeons und die Gitarren, die die Briten in Haifa konfisziert hatten. Einige von ihnen hatten ihre Mundharmonikas verstecken können, und nun setzten sich die Musiker weiter in die Mitte der Arena, und ein Orchester von Mundharmonikas spielte die Lieder, die diese Menschen liebten. Manchmal spielten sie die Lieder der Partisanen und die Lieder aus dem Ghetto. Doch meist spielten sie die neuen Lieder von Palästina und jenes Lied, das eine große Bedeutung für sie hatte, das Lied, in dem es hieß »Israel lebt«.

Für die Volksversammlung wurden immer die Gesichter geschrubbt, und die Kinder sahen ganz sauber aus. Sie hatten keine Kleider zum Wechseln, aber auf jedem Schiff blieb immer eine Frau den größten Teil der Nacht auf und wusch die Kleider. Auf der *Ocean Vigour* war es eine junge Braut von 21, die 100 ungarische Waisen auf die *Exodus* geführt hatte. Während die Menschen schliefen, schrubbten sie und einige andere Frauen die kleinen Kleider und die zerrissenen kleinen Shorts in den Becken vor den Latrinen und hängten sie zum Trocknen an den Stacheldrahtzaun der Zelle. Und jeden Abend schienen der Schmutz und der Schweiß des Frachtraums zu verschwinden, denn die Kinder sangen in der Mitte der Arena, als ob ein Feiertag wäre.

Dieses Volk wußte Gelehrsamkeit sehr zu schätzen. Der kulturelle Anführer auf der *Ocean Vigour* war ein 13 Jahre alter Junge namens Yankele, denn er konnte Bialik und die großen tragischen Gedichte rezitieren, die im Warschauer Ghetto und in den Todeslagern geschrieben worden waren. In der Volksversammlung war Yankele mit seinen 13 Jahren die am meisten respektierte Person.

Von allem, was man diesen Menschen antat, erschien ihnen nichts so grausam wie der Moment, in dem die Briten die Bücher verbrannten, die man ihnen zusammen mit den Lebensmitteln gebracht hatte. Aus Angst vor Propagandaschriften befahl der kommandierende Offizier auf der *Empire Rival*, alle jiddisch- und hebräischsprachigen Bücher zu verbrennen. Unter diesen Büchern war auch das Alte Testament. Dies war das Volk des Alten Testaments – desjenigen Buchs, das das Judentum dem Christentum und der ganzen Welt gegeben hatte. Und hier verbrannten die Briten das Buch, das die Juden am Leben erhalten und als Volk zusammengehalten hatte. Am Abend in der Arena saßen sie schweigend in der Volksversammlung und betrauerten das Buch, so als wäre ein Mensch gestorben. Sie waren das Volk des Buchs und des Gelobten Landes, und auf diesem Gefangenenschiff hatte man ihnen beides genommen.

Ein weiteres Mal, wie am Dock in Haifa, als man die Familien getrennt hatte, breitete sich Panik aus. Sie riefen einen vierundzwanzigstündigen Hungerstreik aus. Das Boot mit den Lebensmittelrationen wurde wieder an Land geschickt. Den Schwangeren, den Kranken und den Kindern sagten sie, sie sollten nicht fasten. Die Schwangeren, die Kinder und die Kranken hörten jedoch nicht darauf und streikten ebenfalls.

Die französische Polizei und die Vertreter des Gesundheitsamts fuhren mit ihren Motorbooten zu den Gefangenenschiffen hinaus. Massenchöre schrien ihnen entgegen: »Wir gehen nicht von Bord. Wir gehen nicht von Bord. Wir gehen nur in Palästina von Bord.«

Auf der *Ocean Vigour* hingen die Menschen englische und französische Schilder auf: *Öffnet die Tore Palästinas, unsere einzige Hoffnung.*

Sie schmuggelten Telegramme an den Präfekten von Bord der Schiffe: *Wie können sie den Engländern erlauben, uns auf diesem Nazischiff so unmenschlich zu behandeln?*

Sie mußten glauben, daß ihr Schicksal niemanden kümmerte. Sie waren überzeugt, daß das Gewissen der Welt abgestumpft wäre. »Wir haben das Gefühl«, schrieb jemand in einem Brief, den man uns zuschmuggelte, »und das deprimiert uns mehr als alles andere, daß sich die Welt an die Bilder der *Exodus 1947* gewöhnt hat. Doch für uns ist es eine Frage des Überlebens.«

Um die Menschen aufzumuntern, schickte Avi, ein Vertreter des Mossad in Port-de-Bouc, den Flüchtlingen einen Brief an Bord.

»*Liebe Kameraden!*
Unser Plan hatte Erfolg. Die französische Presse ist aus ihrem Schlummer erwacht und widmet sich wieder der Tatsache, daß es an der französischen Küste Juden gibt, die sich nicht nur geweigert haben, sich den Bedingungen auf ihren Auschwitz-Schiffen zu beugen, sondern die auch zur Tat schreiten, wenn es nötig ist.

Es hat großen Eindruck gemacht, als Versorgungsboote mit ihrer ganzen Ladung wieder nach Port-de-Bouc zurückgekehrt sind. Die Menschen konnten es kaum glauben, als sie von Eurer Weigerung hörten, Eure täglichen Lebensmittelrationen anzunehmen. Die »Ratten« [der Deckname für die Briten] beeindruckte Euer Fasten sogar noch mehr. Ihr Konsul ging an Bord der Schiffe, um sich über die herrschenden Bedingungen zu informieren, und als er zurückkam, war er so zornig, daß er alles dementierte – gerade so, als hätte es letzte Nacht gar keinen Hungerstreik gegeben. Die französischen Verantwortlichen vor Ort sind ebenfalls bemüht, ihre Regierung auf den Fall aufmerksam zu machen, und haben dafür gesorgt, daß die drei vergessenen Schiffe wieder auf den Titelseiten erscheinen.

Nun zeigt auch die amerikanische Presse zum ersten Mal wirkliches Interesse an Eurem Schicksal. Die New York Herald Tribune *hat eine ihrer besten Journalistinnen geschickt, Ruth Gruber, die als erste Journalistin für diese Zeitung über das UN-Untersuchungskomitee in Eretz Israel schrieb und auch schon über die anglo-amerikanische Untersuchungskommission vor einem Jahr berichtet hatte. Sie versteht uns gut, und ihre Artikel sind von besonderer Bedeutung. Letzte Nacht versuchte sie, vom Konsul der »Ratten« die Erlaubnis zu erhalten, an Bord der Schiffe zu gehen, doch er lehnte ab. Es gelang ihr, in die Nähe der Schiffe zu kommen und Fotos zu machen. Vielleicht bekommt sie ja doch noch die Erlaubnis. In der Zwischenzeit habt ihr mit Eurer Aktion Erfolg gehabt, denn die Menschen zeigen wieder Interesse an Eurem Schicksal. Jetzt müssen wir dafür sorgen, daß dieses Interesse nicht nachläßt, bis die Schiffe wieder in See stechen. Es ist nun klar geworden, daß weder die »Ratten« noch andere Menschen bisher verstanden haben, wie stark die Juden sind, nach all dem, was sie erlitten haben. Und die »Ratten« haben nicht wenige Fehler gemacht, weil sie Euch falsch eingeschätzt haben.*

Wir umarmen Euch mit der Versicherung, daß wir diesen Krieg mit vereinten Kräften fortführen werden, bis wir unser Ziel erreichen, bis wir nach Eretz Israel einwandern und daraus ein freies Heimatland für freie Menschen machen.«

Die Briten gingen noch einen Schritt weiter. Sie erklärten der Welt von Paris aus, daß es keinen Hungerstreik gäbe. Als wir diese Nachricht am nächsten Morgen am Dock von Port-de-Bouc hörten – nachdem die Flüchtlinge nun schon drei Wochen in der Sonne auf den Schiffen ausharrten, nachdem wir gesehen hatten, wie die Versorgungsboote beladen zurückgekehrt waren, und nachdem die französischen Ärzte bezeugen konnten, wie sich die Leute an Bord weigerten, etwas zu essen –, biß sich ein französischer Journalist auf die Lippen und sagte: »Das ist die größte Lüge seit Goebbels' Tod«.

Ich ging, um mit Albert Mallet zu sprechen, dem *chef du cabinet* der Präfektur in Marseille. Mallet sagte, er habe ein Telegramm erhalten, das von den Schiffen geschmuggelt worden sei. Es stünde darin etwas von einem Hungerstreik, und man lade ihn ein, an Bord zu kommen, um sich die Zustände persönlich anzusehen.

Ich konnte nicht widerstehen, ihm zu erklären, daß ich Frankreichs Haltung bewunderte. Er lehnte sich über seinen aufgeräumten Schreibtisch und sagte in schnell gesprochenem Französisch: »Frankreich wird niemanden zwingen, von Bord zu gehen, aber wir werden allen, die an Land gehen möchten, Asyl und unsere Gastfreundschaft anbieten.

Wir versorgen die Leute mit Nahrungsmitteln. Wir haben sie gegen Krankheiten geimpft. Wir haben die ernstlich an Masern Erkrankten von Bord genommen und die ernstlich an Hirnhautentzündung Erkrankten auch. Wir haben die Genesenden nach Paris geschickt. Aber wir sind der Meinung, daß niemand gezwungen werden darf, von Bord zu gehen. Frankreich versteht die Haltung der Flüchtlinge.«

Ich befragte ihn zu einigen Botschaften, die von den Schiffen kamen und die Franzosen darauf hinwiesen, daß diese, indem sie den britischen Schiffen erlaubten, im Hafen zu liegen, den Briten in der Tat in die Hände spielten und das Leiden der Flüchtlinge verlängerten. Stimmte er dem zu? Und hätten die Franzosen den Briten vielleicht einen Termin gesetzt, zu dem sie den Hafen verlassen müßten?

»Wir haben keinerlei Kenntnis von den Absichten der Briten«, sagte er. »Noch haben wir ihnen irgendeinen Termin gesetzt. Nach unseren Vorstellungen von Gastlichkeit können wir den britischen Schiffen nicht sagen: ›Also, Sie waren jetzt lange genug hier. Fahren Sie jetzt.‹ Immerhin befinden sich die Schiffe in französischen Gewässern. Alles, was wir da tun konnten, war, die britische Regierung durch unsere Regierung darauf aufmerksam zu machen, daß, solange die Schiffe in unserem Hafen liegen, die Gefahr besteht, daß auf ihnen Krankheiten und Epidemien ausbrechen können. Doch bis jetzt haben wir keinerlei Kenntnis von den Absichten der Briten. Ich glaube«, er sprach mit diplomatischer Vorsicht, »daß sich die französische Regierung zu sehr in die Angelegenheiten der britischen Regierung gemischt hätte, hätte sie darum gebeten, die Schiffe zu entfernen.«

Aus anderen Quellen, die weniger diplomatisch und offiziell waren, erfuhr ich, daß Bidault dreimal bei den Briten vorstellig geworden war, um zu bitten, die Schiffe aus französischen Hoheitsgewässern zu entfernen. Als Außenminister kam Bidault nicht umhin, diesen, das englisch-französische Verhältnis trübenden Vorfall zu bedauern, der eine Welle des Unmuts gegenüber den Briten auslöste. Eine der französischen Tageszeitungen behauptete, daß es solch ein gespanntes Verhältnis zwischen beiden Staaten seit dem syrischen Krieg 1945, als die Briten die Franzosen durch ein geschicktes Manöver aus Syrien und dem Libanon vertrieben hatten, nicht mehr gegeben hätte. Die französische Regierung war vor allem darüber betrübt, daß das Problem am Vorabend der Drei-Mächte-Gespräche an der Ruhr aufgetreten war, bei denen Bidault auf Bevins Hilfe gegenüber den Vereinigten Staaten angewiesen war.

Doch die Unstimmigkeiten zwischen dem Innenminister und dem Außenminister Frankreichs waren beigelegt worden, und Bidault hatte ein freundlich formuliertes Schreiben unterzeichnet, in dem er die Briten bat, »*l'affaire Exodus*« zu beenden. Offenbar hatte das britische Außenministerium das Schreiben nie beantwortet. Bidault geriet sogar in noch größere Verlegenheit, denn nach einem Treffen mit dem britischen Botschafter, Alfred Duff Cooper, gab er in der Nationalversammlung bekannt, daß die Briten die Menschen nun in einen Hafen bringen wollten, der im eigenen Hoheitsbereich läge. Bidault nannte kein Datum, doch es entstand der Eindruck, daß sofort Maßnahmen ergriffen würden. Nach dieser Bekanntgabe kam es zu keinen weiteren politischen Diskussionen. Doch nun kam der Hungerstreik und setzte das Problem *Exodus* einmal mehr ganz oben auf die Agenda des französischen Präsidenten.

Zurück in Port-de-Bouc ging ich den Kai auf und ab. Dabei traf ich auf einen kranken Mann, den man gerade von Bord gebracht hatte und der auf einer niedrigen Krankenhausmatratze im Hof hinter den Büros der Entraide Française lag. Die Büros befanden sich in einer Mädchenschule, die die französische Sozialbehörde übernommen hatte. Inzwischen war sie zu einem Krankenhaus geworden, in dem französische Ärzte ein und aus gingen, eine Art Anbau der *Exodus*.

Der kranke Mann erzählte mir, daß er seit einer Woche hohes Fieber hätte. Doch erst, als er kaum noch atmen konnte, hatte er zugestimmt, ins Krankenhaus in Marseille zu gehen. Er wartete nun auf die Ambulanz, die ihn dorthin bringen sollte.

»Während unseres Hungerstreiks gestern«, erzählte er mir, »sagte ich zu den Soldaten auf dem Schiff: ›Ich muß hoch an Deck gehen. Ich muß frische Luft bekommen.‹ Aber die Soldaten saßen mit ihren Maschinenpistolen an der Lazarettür und sagten: ›Nein, Sie können nicht hochgehen. Wir haben unsere Befehle.‹«

Auf seinem Gefangenenschiff wurde während des Hungerstreiks jegliches Herumlaufen verboten, und alle Privilegien wurden aufgehoben. Familien war es nicht erlaubt, ihre Verwandten auf der Krankenstation zu besuchen, und niemand durfte die Zelle verlassen.

»Was wollen Sie jetzt tun?« fragte ich ihn.

»Ich möchte ins Krankenhaus, und sobald ich geheilt bin, will ich nach Palästina gehen. Sie sollen mich nur so weit gesund machen, daß ich am Leben bleibe und meine Reise fortsetzen kann.«

Wir waren gespannt, wie die Briten auf die Bestätigung des Hungerstreiks durch die Pariser Botschaft reagieren würden. Unterdessen sprach ich mit den zwei französischen Ärzten, denen es die

Flüchtlinge vor allem zu verdanken hatten, daß an Bord der Schiffe keine schweren Epidemien ausgebrochen waren: Dr. Jean Gayla, Generalinspektor des öffentlichen Gesundheitswesens, ein hochgewachsener, beeindruckender Mann, und Dr. Jacques Besson, jung und leidenschaftlich, der Vertreter der *Assistence Publique de Marseille*. Seit Ankunft der Schiffe waren sie unermüdlich im Einsatz. Sie belieferten die Schiffe mit Medikamenten, ließen kranke Patienten von Bord bringen, entnahmen eine Reihe von Blutproben, die in einem Labor, das man in der Schule eingerichtet hatte, untersucht wurden. Als auf der *Empire Rival* vier Fälle von Masern auftraten, schickten sie einen Arzt und zwei Krankenschwestern, die zwei Tage und Nächte lang alle Kinder zwischen einem und 13 Jahren impften. Sie arbeiteten mit den Schweizer Ärzten zusammen, und obwohl sie Mediziner und keine Politiker waren, verfaßten sie einen Bericht über die Anzahl der Menschen, die zwischen dem 29. Juli und dem 21. August die Schiffe verlassen hatten. Er wurde zu einem höchst politischen Papier. Sie zeigten, daß in diesem Zeitraum von drei Wochen insgesamt nur 159 der 4.500 Menschen von Bord gegangen waren – und das mit stets abnehmender Tendenz.

»Die Bedingungen auf den Schiffen sind nicht gerade gut«, erklärte mir Dr. Gayla. »Diese Menschenmassen werden in den Frachträumen zusammengepfercht. Das schadet ihrer Gesundheit sehr. In den nächsten zwei Wochen erwarten wir 50 Geburten. Das JDC und die Entraide Française schicken uns Babywäsche.«

Diese 50 Babys würden britische Staatsbürger werden.

An den Tischen des Le Commerce gingen Gerüchte um, daß die Schiffe noch vor Sonntag wieder auslaufen würden. Jemand sagte, die Schiffe hätten eine neue Lieferung Kohle erhalten. Eine andere Person behauptete, in der Nacht seien 150 Tonnen Lebensmittel an Bord gebracht worden. In den Straßen von Port-de-Bouc und Martigue sah man plötzlich keine britischen Marinesoldaten mehr. Aus Rom erfuhren wir, daß die dortige Regierung einen Bericht erhalten hätte, demzufolge die Schiffe sofort auslaufen und direkten Kurs auf Deutschland nehmen würden. Wir weigerten uns, diesem Gerücht Glauben zu schenken. Ashcroft hatte einige Tage zuvor gegenüber einem Korrespondenten erklärt, daß die Menschen »mit Sicherheit nicht« nach Deutschland gebracht würden. Obwohl uns klar war, daß diejenigen, die die Politik machten, Ashcroft nicht unbedingt ins Vertrauen ziehen würden, waren wir doch geneigt, ihm zuzustimmen.

Aber die Gerüchte häuften sich. Jemand dementierte nun, daß 150 Tonnen Nahrungsmittel auf die Schiffe gebracht worden seien. Doch ein anderer schwor, daß die Briten genügend Nahrungsmittel für eine lange Reise lagerten. Die Briten hatten nun allen freiwilligen Helfern, die die Nahrungsmittel transportierten, das Betreten der Gefangenenschiffe untersagt. Nur noch zwei französische Helfer durften die Lebensmittel ausladen. Im Le Commerce, dort wo alle einander beobachteten, stellte sich ein Mann mit dunkler Sonnenbrille hinter mich und flüsterte mir zu: »Der britische Konsul ist gerade auf den Schiffen und erklärt den Flüchtlingen: ›Geht jetzt von Bord, oder Ihr landet im Gefängnis!‹«

Plötzlich rief jemand: »Er kommt an Land.« Ich lief gerade noch rechtzeitig zum Café der Französin, um Ashcroft zu seinem Wagen rennen zu sehen. »Ist es wahr?« fragte ich ihn.

»Ja, wir waren gerade auf allen Schiffen. Auf der *Ocean Vigour* haben wir sogar eine Erklärung gehört.« Dann zitierte er ohne eine schriftliche Notiz und sogar mit der dazugehörigen Interpunktion, was einer der Anführer, ein polnischer Rechtsanwalt, gesagt hatte: »Zitat: Die Einwanderer auf der *Ocean Vigour* hegen keine feindseligen Gefühle gegenüber dem britischen Volk oder der britischen Regierung. Punkt. Vor allem gegenüber der Eskorte oder den Offizieren auf dem Schiff, die uns sehr human behandelt haben, hegen wir keine feindseligen Gefühle. Punkt. Wir werden nicht an Land gehen, doch werden wir auch keinesfalls dem guten Verhältnis schaden, das zwischen uns, der britischen Eskorte und der Crew besteht. Punkt. Wir setzen unser Vertrauen in das demokratische Verständnis der britischen Regierung, und wir glauben nicht, daß wir ernstlichen Schaden nehmen können, solange wir uns unter britischer Kontrolle befinden. Punkt und Zitat Ende.«

Als ich anmerkte, daß er ein beachtliches Gedächtnis hätte, meinte Mr. Ashcroft: »Ich habe es niedergeschrieben, junge Frau.«

Wichtig war jedoch nicht die Erklärung, wichtig waren die Menschen. War irgend jemand von Bord gegangen? Niemand, erklärte Mr. Ashcroft. »Der polnische Doktor der Rechte nahm mit Colonel Gregson einen Drink und sagte, er hoffe, die britische Regierung würde nicht feindselig auf die Zionisten reagieren. Wir haben erklärt, wir wüßten, daß die Regierung nicht feindselig reagieren würde. Wir waren dort in der Rolle der Vermittler.«

Unter welchen Umständen das Ultimatum auf den Schiffen verkündet wurde, berichtete ein Nachrichtensonderoffizier, Donald Mallet, der von der Pariser Botschaft gesandt worden war. Es war ein komischer Zufall, daß er den selben Namen hatte wie der französische *chef du cabinet*. An einem Tisch im Raum des Café Le Provençale erzählte uns Mallet: »Heute morgen fuhren Mr. Sidney Enthwhistle Kay, der britische Generalkonsul in Marseille, und ich nach Port-de-Bouc, um die Entscheidung der britischen Regierung bekanntzugeben. Um elf Uhr vormittags gingen wir an Bord der *Runnymede Park*. Die Anführer der Flüchtlinge wurden an Deck vom Konsul und seinen Begleitern empfangen und durch einen Dolmetscher über die Entscheidung informiert. Britische Soldaten verteilten unter den Passagieren ein Informationsblatt.«

Mallet teilte uns dessen Inhalt nicht mit, doch habe ich ein Exemplar zu Gesicht bekommen, das von Bord der Schiffe geschmuggelt worden war. Es enthielt ein maschinenschriftlich abgefaßtes Ultimatum in englischer und französischer Sprache:

»*An die Passagiere der* Runnymede Park, Empire Rival *und* Ocean Vigour: *Hiermit wird Ihnen im Namen der britischen Regierung folgendes erklärt.*

Diejenigen von Ihnen, die nicht vor 18.00 Uhr des morgigen Tags, dem 22. August, in Port-de-Bouc an Land gehen, werden auf dem Seeweg nach Hamburg gebracht.«

Die Erklärung wurde auf deutsch, jiddisch und polnisch an die Informationstafel des Schiffs geschrieben, um sicherzustellen, daß sie von allen verstanden würde. »Ein Pole und ein Deutscher protestierten gegen die Entscheidung der britischen Regierung«, sagte Mallet.

»Als sie fertiggesprochen hatten, applaudierten die Flüchtlinge und begannen die Nationalhymne zu singen.

Wir verließen das erste Schiff um elf Uhr, gingen an Bord der *Empire Rival* und verfuhren dort auf dieselbe Weise. Die Vertreter der Flüchtlinge waren zwei Amerikaner, die unsere Erklärung entgegennahmen, und einfach nur ›okay‹ antworteten.«

Die amerikanischen Jungs teilten immer noch das Los der Flüchtlinge. In all diesen Wochen hätten sie von Bord gehen können. Ich dachte an die amerikanische Crew, die mit mir in jener Nacht in Haifa gesprochen hatte, an Dov Miller aus Brooklyn, der zu einem Anführer der Flüchtlinge geworden war, und an Bill Bernstein, der gestorben war. Nun hatte man die Jungs über das Ultimatum informiert, doch sie hielten keine heroischen Reden. Sie sagten einfach nur »okay«.

»Um viertel nach zwölf«, fuhr Mallet fort, »ging unsere Gruppe an Bord der *Ocean Vigour* und gab nochmals dieselbe Erklärung ab. Die Anführer der Flüchtlinge baten darum, mit den Leuten sprechen zu dürfen, abzustimmen und uns die Antwort der Leute mitzuteilen. Eine halbe Stunde später kam der polnische Rechtsanwalt in die Kabine und erklärte: ›Wir haben uns entschieden, nicht von Bord zu gehen.‹«

Mallet gab die Erklärung, die Ashcroft zuvor schon ausführlich zitiert hatte, verkürzt wieder. Die Flüchtlinge hätten beschlossen, die Ordnung aufrechtzuerhalten und nicht zu demonstrieren. »Wir vertrauen auf die demokratischen Traditionen der britischen Regierung.«

Mallet erklärte uns, daß die Schiffe zuerst in Gibraltar Halt machen würden, um Treibstoff und Nahrungsmittel an Bord zu nehmen. Dann würden sie nach Hamburg weiterfahren. Die Korrespondenten bestürmten ihn. »Wird man Gewalt anwenden?« Nach einigem Zögern antwortete er: »Ich weiß es nicht.«

In dieser Nacht ließ die Hagana folgendes verlautbaren:

»Diesmal hat unsere Kraft nicht ausgereicht, um die Einwanderer der Exodus *an der Küste unserer Heimat an Land zu bringen. Doch wir werden alles tun, was in unserer Macht*

steht, um sie in naher Zukunft nach Palästina zurückkehren zu lassen. Die Haltung, die die Einwanderer in ihrem Kampf an den Tag gelegt haben, nimmt bereits jetzt einen strahlenden Platz in der Geschichte des Freiheitskampfs der Juden ein. Unsere Arbeit, die Juden zurück in ihr Heimatland zu holen, wird weitergehen und verstärkt werden. Wir sind überzeugt, daß die gesamte zivilisierte Welt dieses neue Verbrechen der britischen Regierung verurteilt.«

In dieser Nacht der Gewissensprüfung, als niemand auf den Schiffen schlief, näherten sich zwei Boote mit Mitgliedern der Hagana, die den Menschen über Lautsprecher erklärten, daß sie nicht allein seien, daß Menschen auf der ganzen Welt von ihrem Heldentum gehört hätten und ihren Kampf kämpfen würden. Die Engländer stellten die Sirenen an und übertönten die Stimme der Hagana.

Die Briten hatten nun keine Entschuldigung mehr, mich nicht auf die Schiffe zu lassen. Einige Tage nach dem Hungerstreik hatten sie versprochen, einen Vertreter der britischen Presse und einen Vertreter der französischen Presse an Bord zu lassen, und ich sollte die amerikanische Presse vertreten.

Wir warteten stundenlang am Treffpunkt, aber der Konsul erschien nicht. Nun, am letzten Tag, den die Schiffe im Hafen lagen, erklärten Ashcroft und Mallet, daß man der Presse erlauben würde, an Bord zu gehen. Ein Mann von Reuters kam aus Paris. Wir erfuhren, daß die Briten Paris angerufen und darum gebeten hatten, daß die *Daily Mail* und Reuters vertreten sein würden. Wir sollten Ashcroft und Mallet um eins am Kai treffen. Um zwei Uhr waren sie immer noch nicht da, und etwas später sahen wir sie mit dem Mann von der *Daily Mail* auf der heißen Kaistraße entlanggehen. Wir eilten hinüber, um uns anzuschließen.

Ashcroft sprang in ein französisches Motorboot und winkte zwei Männern und mir zu hinterherzuklettern. Selbst am letzten Tag war die Stimmung zwischen den Franzosen und Briten bis aufs äußerste gespannt. Ein Franzose schrie ihn an: »Sie können dieses Boot nicht einfach beschlagnahmen.«

Ashcroft stotterte: »Ich bin der britische Konsul.«

»Es ist mir egal, wer Sie sind. Sie haben das gleiche gestern schon mal versucht. Haben die Franzosen überhaupt keine Rechte mehr?«

Der Streit ging eine Weile weiter, während die Weltpresse leicht amüsiert zusah. Schließlich trieb uns Ashcroft wieder aus dem Boot heraus und führte uns zu einem anderen. Er teilte die Pressemitglieder auf, so daß Mallet mit einigen an Bord der *Ocean Vigour* gehen konnte, während er die anderen zur *Runnymede Park* führte. Ich wurde Ashcrofts Gruppe zugeteilt. Mir fiel auf, daß er dem Korrespondenten von Reuters die Schreibmaschine und den Regenmantel trug.

Die See im Hafen war unerwartet rauh. Die Barkasse hüpfte durch das Wasser und warf uns wild gegeneinander. Schließlich kletterten wir in dem schaukelnden Boot über das Ölfaß und klammerten uns ungeschickt an die Jakobsleiter, als es auf hohen Wellen gegen den Rumpf der *Runnymede Park* schlug. Ashcroft stellte uns Lieutenant Colonel Martin Gregson vor, den britischen Befehlshaber der Truppen an Bord der drei Transportschiffe. Gregson war ein braungebrannter, Pfeife rauchender Engländer, der stets ein breites Grinsen im Gesicht trug und niemals den Anflug eines Zweifels ausstrahlte. Ich schätzte ihn auf Mitte 30. Offensichtlich hatte er nicht viel Zeit verloren, um die Annehmlichkeiten des Lebens kennenzulernen. Er sah genau wie der Typ Mann aus, der nichts für eine Labour-Regierung übrig hatte, mit Ausnahme ihrer Palästina-Politik. Er begrüßte uns mit einem amüsierten Lächeln, als ob wir ihn auf dem Weg zum Baden mit einem Handtuch um die Hüften erwischt hätten. Er schüttelte dem Reuters-Korrespondenten die Hand und ließ die Katze aus dem Sack. »Sie sind also derjenige, der mit uns auf die Reise geht. Ich hoffe, Sie werden sich amüsieren.« Der Mann von Reuters sah aus, als ob er gleich seekrank würde. Wir verstanden nun, warum Ashcroft höchstpersönlich Schreibmaschine und Regenmantel des Korrespondenten getragen hatte. Sie schmuggelten ihn an Bord. Etwas später erfuhren wir, daß »der höchste Vertreter des Außenministeriums«, offenbar Bevin persönlich, darum gebeten hatte, dem Mann einer englischen Nachrichtenagentur und sonst niemandem zu erlauben, diese Reise zu unternehmen. Maurice Pearlman, einer der Korrespondenten, fragte Ashcroft geradeheraus, ob er nicht auch mitfahren könne. Mit unglücklichem Gesicht sagte Ashcroft: »Ich fürchte, nein.«

Der arme Ashcroft rieb sich fahrig seinen CID-Schnurrbart. »Immerhin ist Reuters die offizielle Nachrichtenagentur der Regierung.«

»Was?« schrie die gesamte Presse auf einmal. Reuters hatte gerade eine Million Dollar bezahlt, um die Welt davon zu überzeugen, nicht die offizielle Agentur der Regierung zu sein.

»Reuters wäre sehr unglücklich darüber«, meinte Pearlman, »von Ihnen als offizielle Agentur bezeichnet zu werden.«

Ashcroft war verwirrt. »Naja, wissen Sie«, er versuchte zu lächeln, »offiziell, ich meine, so wie TASS ebenfalls nicht die offizielle sowjetische Nachrichtenagentur ist.«

Natürlich wußten alle Reporter, daß TASS die offizielle sowjetische Nachrichtenagentur war, und einige der Presseleute grinsten unverhohlen über seine Bemerkung.

Mit einem Grinsen im Gesicht und inzwischen ein wenig ungeduldig, weil in Gedanken schon in seiner Kabine, wartete Colonel Gregson darauf, daß wir ihm unsere Fragen stellen und ihn dann in Ruhe ließen. Das war der Mann, der das Kommando über die gesamten Truppen hatte, der Mann, der die Berichte von den Schiffen nach Downing Street schickte, der Mann, dem wir bohrende Fragen stellen sollten, die politisch relevanten Fragen: »Was hat die *Exodus* bedeutet? Was hatte der Monat in Port-de-Bouc für einen Sinn? Was waren die Pläne Großbritanniens? Doch niemand stellte sie. Alles, wonach man diesen grinsenden Offizier fragen konnte, waren die schwarz auf weiß stehenden Fakten, die Statistiken, mit denen man eine Geschichte füllte, wie etwa: »Colonel, wie viele Babys wurden in Port-de-Bouc an Bord der Schiffe geboren? Sogar darauf hatte er nur eine lässige, ungenaue Antwort. »Ich weiß es nicht. Schreiben Sie auf, was sie möchten, vielleicht sechs, vielleicht ein Dutzend, vielleicht 20. Sie bekommen dauernd Babys.« Sein müdes Lachen schien uns dafür zu verspotten, daß wir auf solch eine unwichtige Frage eine genaue Antwort haben wollten.

Es war bezeichnend für die ganze Tragödie dieses Gefangenenschiffs, daß solch ein Mann, gleichgültig und amüsiert, sein Kommandant sein sollte, während hinter seiner Kabine in einer eisernen Zelle ein gefangenes Volk lautstark forderte, uns in seiner letzten Stunde zu sehen.

Überall um uns herum standen die Gefangenenwärter und die bunt gemischte Crew. Acht ägyptische Araber hatten angewidert den Dienst quittiert. Sie waren, so erzählten sie, für eine gewöhnliche Seereise angeheuert worden, nicht für eine schwimmende Teufelsinsel. Die Soldaten waren neidisch; auch sie hatte man getäuscht – ebenso wie die Flüchtlinge. Sie hatten geglaubt, über Nacht nach Zypern zu fahren, und keine zusätzliche Kleidung mitgenommen. Sie hatten das Gefühl, schmutzig zu sein und zu stinken, und wollten heim. Sie hatten ihren Respekt vor sich selbst verloren. In gewisser Weise waren sie frustrierter und demoralisierter als die Flüchtlinge – sie waren keine Jacobowskys.

Sie beobachteten die Presse mit gemischten Gefühlen. Sie wußten, wir hatten die Geschichten von den »Zwischenfällen« zwischen den Truppen und den Flüchtlingen gehört und auch die Geschichte von der Bücherverbrennung. Am Anfang waren sie freundlich gewesen, doch als die Reise immer weiter ging und sie selbst unter Geschwüren und Ausschlägen litten, fingen sie an, die Kinder herumzuschubsen, weigerten sich, sie aus den Zellen aufs freie Deck zu lassen, knallten die Zellentüren zu und hielten sie verschlossen. Als französische Motorboote sich den Schiffen näherten, schrien sie: »Ihr dreckigen französischen Bastarde, ihr habt uns bei Dünkirchen im Stich gelassen.«

Als ich nun die Soldaten anschaute, von denen manche kaum älter waren als Studenten der Highschool, erinnerte ich mich daran, wie Chaim Weizmann in Rehovot zu mir gesagt hatte: »Jeder trägt in seiner Provianttasche ein wenig Antisemitismus mit sich herum.« Die Provianttasche der Soldaten war übergelaufen. Sie hatten eine undankbare Aufgabe. Die einzige Abwechslung in ihrer Monotonie bestand im Zu- und Aufsperren der Zelle.

Wir sprachen mit einigen der Soldaten und ließen Colonel Gregson und Mr. Ashcroft dann allein, damit sie in der Kabine des

Colonels ihren letzten gemeinsamen Drink nehmen konnten. Unsere Eskorte bestand aus einem jungen, stillen Captain der 6. Luftlandedivision. Er führte uns in der heißen Sonne langsam zum vorderen Teil der Brücke.

Unter uns befand sich die Zelle. Zusammengepfercht zwischen einem grünen Toilettenhäuschen und einigen Stahlplatten standen Hunderte und Aberhunderte halbnackter Menschen, die aussahen, als hätte man sie alle zusammen in einen Hundezwinger geworfen. Einen Moment lang hatte ich das schreckliche Gefühl, daß sie bellten. Eingesperrt und verloren, schrien sie in allen Sprachen zu uns hoch, zerschlugen sich gegenseitig die Worte. Manche preßten ihre Gesichter gegen den schrägen Drahtzaun, und ihre Körper sahen zerbrochen und entstellt aus. Wir sahen zu, wie es in der Zelle immer enger und wilder wurde, als sich noch mehr Leute von irgendwoher aus dem Innern des Schiffs an Deck zwängten und gegen die Leute drückten, die bereits in dem engen Käfig standen.

Die meisten Menschen, die mir zuschrien, waren junge Männer und einige junge Frauen mit entschiedenem Gesichtsausdruck, entschlossen, dem großen britischen Empire zu trotzen. Einige lehnten an dem improvisierten Außenabort mit den zwei Türen, der einzigen Toilette für 1.500 Flüchtlinge an Bord des Schiffs.

Unter den Gesichtern war auch jenes der wunderschönen Frau mit den weit auseinanderstehenden grünen Augen und den hohen ungarischen Wangenknochen, die ich in Haifa gesehen hatte. Außerdem gab es da jene fest entschlossenen Gesichter von Männern, die sich auf den Kampf vorbereiteten. Die meisten Männer trugen Shorts, die von einem Gürtel oder einem Stück Schnur gehalten wurden. Oberkörper und Füße waren nackt. Ihre Hautausschläge waren mit Gentianaviolett eingeschmiert.

Die Frauen trugen Baumwollkleider; einige trugen nur Büstenhalter und Shorts. Mehrere Menschen hatten sich zum Schutz vor der Sonne Stoff um den Kopf gewickelt. Doch gab es auch einen Hauch von Anmut in der Zelle: Ein kleines Mädchen in einem weißen Baumwollpetticoat trug ein weißes Band in ihrem Haar.

»Dürfen wir in die Zelle hineingehen?« fragte ein französischer Journalist den uns begleitenden Offizier.

Er schüttelte den Kopf.

»Dürfen wir Fragen stellen?«

»Schießen Sie los.«

»Wollen Sie von Bord des Schiffs gehen?« schrie der Journalist den Flüchtlingen zu.

Die Zelle erzitterte bei der Antwort. Nur das Wort »nein« war zu verstehen, der Rest war ein einziges Babel. Sie beschimpften uns auf französisch, deutsch, jiddisch, hebräisch, ungarisch und englisch, gaben uns die Schuld, drohten uns mit den Fäusten.

Ein Mann schrie am lautesten. Als er sprach, riefen die anderen: »Pst-pst-pst«, bis es ruhig war. »Wir wollen nicht von Bord gehen,« schrie er. »Nur in Palästina gehen wir freiwillig von Bord. Hier kommen wir nur als Leichen an Land.«

Wir erfuhren, daß dieser Mann mit seiner schmalen, nackten Brust, seinem langen Haar, seinen angespannten Zügen und seinen weit aufgerissenen Augen Mordecai Rosman war. Im Le Commerce unter den Hagana-Jungs und dem Strick-Corps war Rosman bereits eine Legende. Im Krieg war er einer der Anführer im Warschauer Ghetto gewesen. Während des Ghettoaufstands hatte er die Leute ermutigt, auch ohne Waffen zu kämpfen, und als der Aufstand niedergeschlagen wurde, führte er eine ganze Gruppe sicher in die polnischen Wälder. Den Rest des Kriegs kämpfte er als Partisanenführer, spornte seine Leute immer wieder zu neuen wagemutigen Taten an. Waren sie müde, feuerte sie an, noch ein paar Schritte weiterzugehen, denn er war entschlossen, noch mindestens einen Kilometer zu marschieren.

In dieser Zelle erschien er wie ein Mann, dessen ganzes Sinnen und Trachten nur ein einziges Ziel kannte: diese Menschen nach Palästina zu bringen. Wie so viele polnische Juden war er sein ganzes Leben lang Zionist gewesen, und nun war er der unbestrittene Anführer der Flüchtlinge. Er muß Mitte 40 gewesen sein, doch in der Zelle schien er alterslos.

Seine Stimme, die er nun allein durch den Stacheldraht schrie, kam mir sogar noch schrecklicher vor als das Babel und das Heulen aller Stimmen zusammen. Er war die Stimme der *Runnymede Park*, die Stimme der gefangenen Juden, die auf dem Schiff lebten, das nach dem Unterzeichnungsort der Magna Charta benannt war. Er war der Geist der *Runnymede Park*, und wir alle, die wir auf der Brücke standen, wußten, daß er der neue Jude war.

»Was denken Sie darüber, daß man Sie nach Hamburg bringt?« schrie ihm einer der Korrespondenten auf deutsch zu.

»Das sind die neuen Hitlers. Wären sie nicht wie Hitler, würden sie uns dann nach Deutschland bringen?«

Seine Antwort fand in der Zelle allgemeine Zustimmung. Die Leute schrien und applaudierten. »Ja, ja, sie sind die neuen Hitlers.« Sein Mut gab auch ihnen Mut. Es war schwer zu glauben, daß es dieselben Menschen waren, die ich in Haifa von Bord der *Exodus 1947* hatte gehen sehen. Dies waren keine erschöpften, verwirrten, geschlagenen Juden mehr, die um Bill Bernstein, Hirsch Yakubovich und Mordecai Baumstein trauerten. Nun begehrten sie auf, waren gefangen, doch bereit, allem zu trotzen. Sie trotzten England, sie trotzten der ganzen Welt.

Während wir hinuntersahen, entrollte eine Gruppe von Menschen am hinteren Ende der Zelle hoch über der Toilette ein großes schwarzes Transparent, das von langen Stöcken gehalten wurde. In die obere linke Ecke war der Union Jack gemalt, und in der unteren rechten Ecke leuchtete ein violettes Hakenkreuz auf einem weißen Kreis. Das Hakenkreuz war mit Gentianaviolett gemalt, mit demselben Gentianaviolett, das ihre Hautausschläge bedeckte.

Der Applaus, der durch die Zelle brandete, lockte Colonel Gregson aus seiner Kabine, der sehen wollte, was da los war. Er stellte sich neben mich, während ich Fotos von der Flagge machte und von den Menschen, die zu uns hochgrinsten und über ihren großartigen Scherz lachten.

Der Colonel grinste zurück. Mit entsprechendem Zynismus sagte er: »Die werden froh darüber sein, daß Sie von der Flagge Fotos machen. Sie haben wochenlang daran gearbeitet. Jetzt fühlen sie sich bestimmt besser, weil sie wissen, daß sich jemand dafür interessiert.« Er lächelte noch etwas mehr, als er seine Männer anblickte, die auf eine Flagge schauten, die die britischen Truppen mit den Nazis in Verbindung brachte. Dann ging er in seine Kabine zurück.

Die Briten haben gerade bekanntgegeben, daß sie die Menschen auf den Schiffen nach Deutschland bringen werden. Sie wählen mich als Vertreterin der amerikanischen Presse aus, und ich erlebe an Bord der **Runnymede Park***, wie die Flüchtlinge eine Flagge hissen: Neben den britischen Union Jack haben sie ein Hakenkreuz gemalt – als Zeichen ihrer Auflehnung gegen die britische Gefangennahme. Dieses Bild wird das »Foto der Woche« im Magazin* Life*. Das sogenannte Lazarettschiff ist in Wahrheit ein Gefangenenschiff mit einem eisernen Gitterkäfig an Deck. Daneben befindet sich ein Außenabort mit sechs Löchern für 1.500 Flüchtlinge. Der Frachtraum unter Deck ist ein überfülltes Gefängnis.*

Der Frachtraum erinnert an ein Gefängnis. Er ist zugleich Wohn-, Eß- und Schlafzimmer, in dem sich die DPs eng zusammendrängen. Gerade haben sie erfahren, daß sie nach Deutschland geschickt und wieder in Gefangenenlager gesteckt werden sollen.

Plötzlich wurde das Bolzenschloß des Gittertors, das in die Zelle führte, aufgesperrt und wir befanden uns im Innern, wurden von der Menschenmenge verschluckt. Ein paar erschöpfte Körper lagen an Deck gegen die Stahlplatten gelehnt. Behutsam kletterten wir über sie und bahnten uns dann einen Weg durch die Menge, um einen Blick auf die zwei Außenaborte mit den sechs Löchern für 1.500 Menschen zu werfen.

Das einzige Licht im Frachtraum, dem Gefängnis der Flüchtlinge, dringt durch eine kleine vergitterte Öffnung.

Die Körper, die sich um uns drängten, waren heiß und stanken. Ich wußte, daß ich diesen Geruch nie wieder aus der Nase bekommen würde. Durch den Lärm hörte ich Leute schreien: »Bleibt nicht hier oben stehen. Hier ist es noch gut. Hier gibt es Luft. Kommt runter. Kommt und seht euch unser Auschwitz an.«

Wir folgten der Menge die rutschigen Stufen ohne Handlauf hinunter. Und dort auf dem Boden des Frachtraums fanden wir eine Kohlezeichnung der Hölle. Die heiße Sonne schien durch die Gitter und malte harte Kontraste von Licht und Dunkel auf die Gesichter der Flüchtlinge und auf ihre heißen, schwitzenden, halbnackten Körper. Frauen gaben ihren Babys die Brust. Alte Frauen und Männer saßen da und weinten ohne Scham, denn sie wußten, was vor ihnen lag.

Im Frachtraum gab es keine Betten. Jeder Mann, jede Frau und jedes Kind schliefen auf braunen Armeedecken, die auf dem schmierigen Fußboden ordentlich zusammengefaltet waren. Die Decken bildeten den jeweiligen Lebensraum der Menschen, ihr Eßzimmer, ihr Schlafzimmer und ihr Arbeitszimmer. Manchmal lagen drei oder vier Menschen auf einer einzigen Decke. Der Platz, den die Menschen für sich hatten, war gerade so groß wie ihre Körper.

Mit einer Gastlichkeit, die aus einer anderen Welt stammte, einer Welt, die hier unwirklich war, lud mich eine Frau, die wie Ende 30 aussah, ein, auf ihrer Decke Platz zu nehmen. Sie strich sie schnell glatt und reichte mir ihren Säugling.

Während ich das Baby streichelte, sagte sie: »Mein Leben ist vorbei.« Ich fragte, wie alt sie sei.

»24 Jahre.«

»Sagen Sie das nicht. Sprechen Sie nicht so. All das wird bald vorbei sein. Sie werden dorthin kommen.« Ich sagte all die dummen Sachen, die man im Angesicht von etwas Tragischem und Unfaßbarem sagt. Aber die Frau war viel weiser als ich.

»Nein, ich weiß es«, sagte sie. »Mein Körper ist zerstört. Selbst die helfenden Hände, die sich uns aus Amerika entgegenstrecken, können mich nicht retten. Aber ich werde für dieses Baby leben. Ich werde am Leben bleiben, damit mein Kind nicht in den Gaskammern verbrannt wird. Ich werde leben, damit mein Kind anständig aufwachsen kann, ohne Angst zu haben. Es gibt keine Grenzen für die Hoffnung der Juden.«

Weitere Frauen in diesem riesigen Frachtraum begannen nun ihre Kinder hochzuhalten, damit ich sie sehen konnte. Später wurde mir klar, daß die Babys wunderbar still gewesen waren, daß es Hunderte von ihnen gegeben hatte. Mir war bewußt, daß sie es waren, die diesem ganzen Exodus Bedeutung gaben. Für sie waren

Im Frachtraum der Runnymede Park reicht mir eine vierundzwanzigjährige Mutter ihr Baby. »Ich werde leben«, erklärt sie mir, »damit mein Kind nicht in einer Gaskammer ermordet wird.«

»Machen Sie Fotos!« rufen die Menschen im Frachtraum. »Zeigen Sie der Welt unser schwimmendes Auschwitz.« Ich fotografiere einfach in die Menge hinein.

ihre Eltern in DP-Lagern dahingesiecht, hatten Europa verlassen, waren nach Palästina geflohen, waren in dieser höllischen Hitze über das Meer gefahren und wurden nun zurück nach Deutschland gebracht, vielleicht um mit Gummiknüppeln geschlagen und die Gangways hinuntergezerrt zu werden, während die Deutschen danebenstehen und lächeln würden. Hier, in diesem schmutzigen Frachtraum, lichtete sich der Nebel, und ich erkannte, was die *Exodus 1947* für die Briten, die Franzosen und die Juden bedeutete.

Das heiße Sonnenlicht fällt schemenhaft durch die Gitter und verwandelt den Frachtraum in Dantes Inferno.

Der glänzende Ruf der Franzosen, Bedürftigen Asyl zu gewähren, hatte sich mehr denn je bestätigt. Für die Juden war dies jedoch nur ein weiterer Schritt auf ihrem langen Leidensweg gewesen. Sie hatten wahrhaftig längst genug Leid erfahren. Doch nun würden sie nach Norden, nach Deutschland gebracht werden. Und obwohl vielleicht einige getötet würden oder auch auf andere Weise ums Leben kämen, so wußten diese Juden doch, daß sie am Ende – vielleicht in einem Jahr, vielleicht in fünf oder zehn Jahren – ihr Ziel erreichen würden. Niemand konnte sie aufhalten. Am meisten gelitten hatten die Briten. Der Schaden, den die *Exodus* dieser Nation zugefügt hatte, würde niemals behoben werden.

Großbritannien, ging es mir durch den Sinn, hatte Größe gehabt, weil es einen besonderen Edelmut, einen vornehmen Charakter besessen hatte, der in Krisenzeiten stets zum Vorschein gekommen war. Seine politische Führung war auch stets eine moralische Führung gewesen. Die *Exodus* zeigte, wie schwach Großbritannien geworden war. Dies war kein Ausrutscher bedauernswerter, glückloser Staatsbeamter. Dies war vielmehr Teil einer tragischen Entwicklung, der Auflösung und des Niedergangs. Später, in London, bemerkte ich bei vielen britischen Beamten ein Gefühl der Schuld und des Unbehagens bezüglich der Weisung, die *Exodus*-Flüchtlinge gegen ihren Willen nach Deutschland zurückzubringen. Liberale wie John Strachey, Aneurin Bevan und P. J. Noel-Baker hofften bis zur letzten Sekunde, daß etwas geschehen, eine neue Entscheidung getroffen würde, daß sich die sozialistische Labour-Regierung nicht in jener schrecklichen Rolle wiederfinden würde, die Opfer des deutschen Faschismus nach Deutschland zurückzuschicken.

Die Frauen im Frachtraum hielten weiterhin ihre Babys hoch und baten mich, Fotos von ihnen zu machen. Sie würden diese Fotos niemals zu Gesicht bekommen, doch waren sie ebenso stolz auf ihre Babys wie jede andere glückliche Mutter. Abgesehen von diesen Babys lagen die Menschen wie auf jenen Fotos herum, die man von den Massengräbern in Buchenwald am Tag der Befreiung kennt. Hier ein Kopf, hier ein Paar Beine, hier ein Paar schwache Arme, hier eine ausgemergelte Brust, bei der die Rippen auf erschreckende Weise hervortraten. Ich sah, daß einige Leute schliefen, und fragte mich, wie irgend jemand bei all dem Lärm, den unser Besuch hervorrief, schlafen konnte. »Sie können in der Nacht nicht schlafen. Es ist zu heiß, um hier unten zu schlafen. Also schlafen sie tagsüber ein, vor Erschöpfung.«

Über uns, an Verstrebungen direkt unter dem Eisengitter, hingen einige Kleidungsstücke, die ein paar Glückliche in Haifa auf dem Rücken hatten tragen können und die sie nun in Port-de-Bouc bei sich hatten. Ein Regenmantel hing über den Körpern und schwang

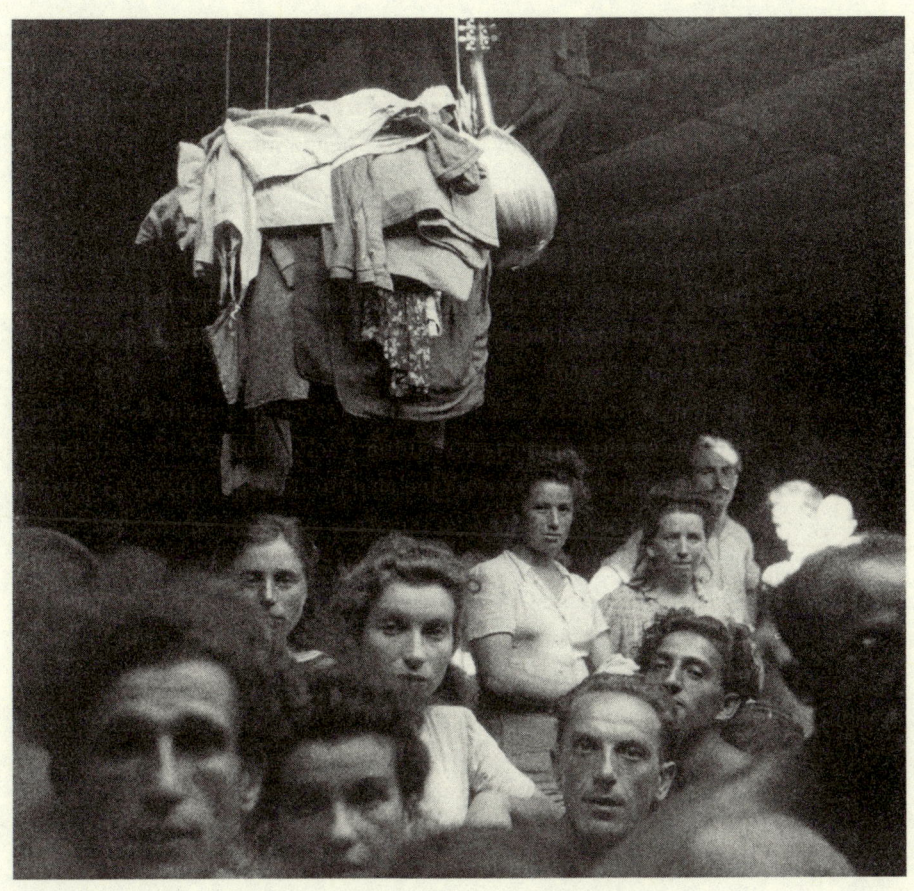

Die DPs haben die Kleider, die sie retten konnten, und sogar ein für sie so wertvolles Musikinstrument in einem Bündel über ihre Köpfe gehängt. Solche Menschen hat die Welt noch nicht gesehen.

mit dem Schiff hin und her. In einer Art quadratischer Hängematte, die wie ein Baumwollballen zusammengebunden war, hatte man Unterwäsche, Jacken, Röcke und Hosen verstaut. Es gab eine gestärkte, immer noch makellose Uniform. Und wie ein Körper, der an einem Baum aufgeknüpft ist, hing ein mit Kleidern ausgestopfter Mantel herab und schaukelte ebenfalls hin und her.

In Haifa hatte Mordecai Rosman mit ausgestreckten Armen dagestanden und wie ein Gekreuzigter im eingedrückten Schiffsrumpf ausgesehen. Nun, in Port-de-Bouc, schwang ein gelynchter Mann ohne Kopf über den Gesichtern, die von der Tragödie, dem Leiden und dem Widerstand gezeichnet waren.

Ich beobachtete all dies schweigend, während 100 Menschen an meinem Notizbuch zerrten, um die Namen ihrer Verwandten in New York, in Chicago, in Haifa und in Tel Aviv aufzuschreiben, und mich anflehten, für sie Briefe zu schreiben und darin zu sagen, daß sie noch am Leben waren. Wiederum gab es wohl 100 Fragen, die ich ihnen hatte stellen wollen. Doch nun, da ich die Gelegenheit dazu hatte, versagte meine Stimme, und all die Fragen erschienen sinnlos. Dies waren Menschen, wie die Welt sie noch nicht gesehen hatte. Das größte Wunder war für mich nicht, daß sie überlebt hatten, sondern daß sie weiterleben wollten. Sie wollten weiterleben, trotz des Verrats, trotz der Machtpolitik, trotz der Korruption und der doppelzüngigen Reden. Sie wollten für ihre Kinder weiterleben, denn »es gab keine Grenzen für die Hoffnung der Juden«.

Eine andere Frau kam zu mir und gab mir ihr Baby. »Wird es auf der Fahrt nach Hamburg kalt sein?« fragte sie. »Wir haben keine Kleider, und sie haben sich geweigert, uns unser Gepäck zurückzugeben.«

Jetzt kam Mordecai Rosman auf mich zu. Er sah mich das Baby halten und verzog das Gesicht. »Sie halten einen Kämpfer gegen das britische Empire. Dies sind die Soldaten, die England bekämpft.« Der Klang seiner Stimme, die Verachtung ließen mich erschaudern.

Ohne auf Mordecai zu achten und nur, weil dies ihre letzte Chance war, ihr letzter Kontakt mit der Welt, drängten sich die Menschen um mich, brachten mir weitere Papierfetzen mit den Namen ihrer Eltern und Verwandten. Mordecai, der wie ein halbnackter Moses aussah, schrie die Menschen an.

»Warum bedrängt ihr sie mit euren unwichtigen persönlichen Problemen? Warum verschwendet ihr ihre Zeit mit euren Adressen? Laßt sie über unser Leid schreiben, unser Blut.«

Er drehte sich zu mir um, und es war beinahe so, als hörte ich die Warnung eines alten Propheten: »Frag nicht nach unseren Namen.« Eine Frau begann zu nicken und weinte leise. »Wir haben keine Namen, nur Nummern.«

Ich erkenne, daß es die Kinder sind, die dieser Odyssee eine Bedeutung geben.

»Schreib«, schrie mich Mordecai an, als ob die Frau gar nicht existierte. Das Licht fiel im Muster des Gefängnisgitters auf seine nackte Brust. »Schreib, daß sie uns nach der 30 Jahre alten Balfour-Deklaration eine neue Deklaration gegeben haben. Sie haben uns die Deklaration von Port-de-Bouc gegeben. Schreib«, schrie er mit solcher Leidenschaft und durchdringender Kraft, daß die schlafenden Menschen aufwachten und einige Babys zu weinen begannen, »daß die Deklaration von Port-de-Bouc 4.500 Juden, die aus Hitlerdeutschland gerettet wurden, zu einem neuen Leben verdammt hat, einem schmachvollen Leben auf derselben Erde, auf der unsere Leute ermordet wurden. Früher haben wir an das Gewissen der Menschheit geglaubt. Schreib das, damit du diese Tat vielleicht verhindern kannst, damit unsere Schmach nicht Wirklichkeit wird.«

Die Menschen waren verstummt. Mordecai hatte sie so beschämt, daß sie schwiegen. Sie hörten zu, so wie es einst das Volk bei jenem anderen Exodus getan hatte.

»Wir hoffen immer noch«, sagte er, »daß die Welt uns nicht nach Deutschland gehen lassen wird, daß die Welt uns in unser Land zurückschickt. Andernfalls wird in Hamburg Blut fließen. Andernfalls werden die Nürnberger Richter in der Lage sein, der deutschen Nation eine Lektion zu erteilen, nämlich wie man ohne Bestrafung ein weiteres Mal jüdisches Blut vergießen kann.

Die englische Regierung hat sich für die Guillotine entschieden. Für uns ist das keine Überraschung. Diejenigen, die die *Struma* und die *Patria* im Krieg gegen die Nazis versenkt haben, werden auch jetzt nicht zögern.

Wir fragen«, und seine Stimme hallte durch den stillen Frachtraum, »wo ist nur die Welt der Aufklärung geblieben? Wo sind Demokratie und Menschlichkeit geblieben? Kann die Welt hier bloß ein stummer Zuschauer sein?

Die Briten hoffen, die illegale Einwanderung zu zerschlagen. Doch wir kennen unsere Juden. Sie werden sich vor nichts fürchten. Diejenigen, die den Mut hatten, sich gegen Hitler und gegen die deutsche Kriegsmaschinerie aufzulehnen, werden nicht einmal jetzt aufgeben.«

Er hielt meinen Arm. »Grüß alle leidenden Menschen auf der Welt von uns, die Menschen in den DP-Lagern, in Palästina und in Amerika. Und sag der französischen Regierung und den französischen Menschen unseren tiefempfundenen Dank.«

Er hatte geendet. Ich konnte es nicht länger ertragen, an der Stelle zu stehen, wo er gesprochen hatte. Ich begann mich wegzubewegen, stieg über die Körper der Menschen.

Mr. Ashcroft kam in den Frachtraum, um zu sagen, daß die Zeit um war. Wir gingen die ersten Stufen hinauf. Mordecai schrie:

Die jugendlichen Flüchtlinge kommen an Deck, um sich von mir zu verabschieden. Während ich zusehe, wie die Schiffe Kurs auf Deutschland nehmen, sagt eines der Hagana-Mädchen prophetisch: »Nun werden Sie die Geburt eines jüdischen Staats erleben.«

»Hatikva.« Die Menschen sprangen auf, ihre Körper waren aneinandergepreßt. Sie nahmen ihre Kinder hoch, um mehr Platz zu haben. Das Licht fiel durch die Gitter auf ihre Körper, als sie sangen. Ihre Gesichter erschienen fast durchscheinend vor Hoffnung.

Männer schluchzten und sangen weiter. Frauen hoben ihre Köpfe und weinten ohne Tränen. Ashcroft, mit bloßem Kopf, stand still. Sein Gesicht zuckte, als ob er wußte, daß sie den ganzen Exodus in ihr Lied hineinlegten.

Wir gingen die Stufen hoch, und noch einmal begannen die Leute, mir Adressen in die Hand zu drücken. In der heißen Zelle an Deck sprang ein Soldat herbei, um das Tor zu öffnen und uns hinauszulassen. Ashcroft wurde unvermittelt von einem alten Mann zurückgehalten, der schrie: »Ich bin 58. Ich habe 28 Leute aus meiner Familie verloren. Ich habe meine Frau und meine Söhne und meine Töchter in den Krematorien verloren. Ich war selbst in Auschwitz. Was habe ich getan? Bin ich ein Dieb, daß Sie mich in dieser Zelle unter Stacheldraht gefangen halten? Alles, worum ich bitte, ist mein Stückchen Brot und ein Zuhause.«

Die Hysterie des Mannes breitete sich in der Zelle aus, und andere begannen mit ihm zu weinen. Es kam keine Antwort.

Wir kletterten ins Boot und kehrten an Land zurück. Vom Kai aus beobachteten wir die Schiffe. Um genau sechs Uhr abends, dem gesetzten Termin, lichtete die *Runnymede Park* den Anker, ließ das Nebelhorn ertönen und fuhr langsam aufs Meer hinaus. Sieben Menschen waren von Bord gegangen – sie waren alle krank gewesen. Das Ultimatum war zurückgewiesen worden. Um zehn nach sechs folgte die *Ocean Vigour*, und um viertel nach sechs fuhr die *Empire Rival* aufs Mittelmeer hinaus, wo eine Eskorte von drei britischen Kriegsschiffen wartete. Eines der Hagana-Mädchen, das zusah, wie die Schiffe Kurs auf Deutschland nahmen, sagte sanft: »Nun werden Sie die Geburt eines jüdischen Staats erleben.«

Auf dem Kai machten sich die französischen Bewohner von Port-de-Bouc daran, Karussells, Schaufelräder und ein großes Riesenrad für das Volksfest aufzubauen, das am nächsten Tag eröffnet werden sollte. Das kleine Dorf bereitete sich darauf vor, die Befreiung von den Nazis im Jahr 1944 zu feiern.

Hamburg

Den Menschen, die zusammengepfercht in den Zellen saßen, erschien Deutschland an jenem schicksalhaften 7. September im Nebel versunken. Von Port-de-Bouc bewegten sich die drei Gefangenenschiffe 17 Tage lang in einem langsamen Trauermarsch nach Hamburg. Zweieinhalb Tage lang, während sie am Fels von Gibraltar Lebensmittel und Treibstoff luden, breitete sich in den Frachträumen das Gerücht aus, daß Bevin nachgegeben hätte und sie nach Palästina schicken würde. Doch am 29. August machten die Schiffe die Leinen los und verließen jenes mysteriöse Vorgebirge mit seinen viele Kilometer langen Geheimtunneln, Stollen voller Waffen und seinen kampfbereiten Truppen. Sie fuhren gen Norden, nach Hamburg.

Von all den Wochen und Monaten ihres Exodus waren diese Tage die längsten, und die Nächte erschienen den Flüchtlingen schier endlos. Nat Nadler, der in Port-de-Bouc von Bord gegangen war, beschrieb das Essen auf der *Ocean Vigour:* »Wir bekamen zwei Mahlzeiten pro Tag. Wir schickten ein paar Männer aus der Gefangenenzelle, um das Essen zu holen. Zum Frühstück gab es salzigen Tee und ein Paket Armeekekse, 25 mal 25 Zentimeter groß, je zehn in einer Packung. Wenn man sie zum Essen auseinanderbrach, waren Maden drin. Zum Abendessen gab es Kartoffelsuppe mit einer Packung Kekse, die man in der Suppe einweichte, und als Protein hatte man die Maden, die um die Kekse schwammen. Wenn man Hunger hat, ißt man das, mit Maden und allem.« Die Gefangenen konnten kaum von etwas anderem sprechen als der Rückkehr in das Land des Todes. Jeden Abend in der Volksversammlung sangen sie die Worte aus der Hora, ihrem Volkstanz:

Wir sind hinaufgegangen nach Eretz
Wir sind hinaufgegangen nach Eretz
Wir sind hinaufgegangen nach Israel.

Sie sangen ohne Ironie. Die Wellen der Nordsee schlugen einen gegenläufigen Rhythmus.

Über der Elbe hing dichter Nebel, als das erste Schiff, die *Ocean Vigour*, am Sonntagnachmittag des 7. September beinahe kriechend den Strom hinauffuhr.

In dieser Nacht versammelten sich Tausende von DPs aus dem britischen DP-Lager in Bergen-Belsen auf dem »Platz der Freiheit« und trugen Spruchbänder:

Exodus-Flüchtlinge, wir kommen zu Euch
im vereinten Kampf für die freie Einwanderung
nach Palästina.

Die Exodus *in Hamburg ist*
das Kainsmal Englands.

Auf den drei Gefangenenschiffen waren Juden, die aus Bergen-Belsen stammten, aus dem deutschen Todeslager und dem britischen DP-Lager. Sie kannten die Massengräber nur zu gut, die kleinen Erdhügel mit Holzschildern, auf denen stand: *Hier liegen 1.000 Tote ... Hier liegen 5.000 Tote ... Hier liegen 10.000 Tote*. 20 Jahre später schloß ich mich Elie Wiesel und Josef Rosensaft sowie anderen Überlebenden aus Bergen-Belsen an, um eine schlichte Granitsäule aufzustellen, auf der in vier Sprachen geschrieben steht: *Israel und die Welt seien daran erinnert, daß im Konzentrationslager Bergen-Belsen 30.000 Juden durch die Hände der mörderischen Nazis ausgerottet wurden*. Darauf folgt der Satz, der sich in ihre Köpfe eingebrannt hatte:

*Erde, verdecke nicht das Blut,
das auf dir vergossen wurde*

Um sechs Uhr morgens des 8. September begann die Operation. In Nebel und Nieselregen machte die *Ocean Vigour*, das »Lazarettschiff«, am Kai in Hamburg fest. Die *Empire Rival* passierte auf ihrem Weg nach Hamburg Brunsbüttel an der Einmündung des Nord-Ostsee-Kanals. Die *Runnymede Park* ankerte vor Cuxhaven.

Hamburgs Kai säumten Ambulanzwagen, ganze Gruppen von Ärzten sowie Soldaten mit Stahlhelmen der britischen Sherwood Foresters, jener britischen Einheit, die ein Jahr zuvor in Palästina stationiert gewesen war. Auch deutsche Wachposten waren da. Es war immer noch dunkel, als den Flüchtlingen auf der *Ocean Vigour* über einen Lautsprecher am Dock mitgeteilt wurde, sie sollten friedlich von Bord kommen. Einige Stunden lang sah es so aus, als ob es in Deutschland kein Blutvergießen geben würde. In einem schwachen Strom kamen Frauen, Kinder und Familien von Bord. Doch um neun Uhr morgens versiegte er. Etwa die Hälfte der Flüchtlinge auf dem Schiff weigerte sich, in Hamburg an Land zu gehen.

In den Frachträumen nahmen sich die Menschen bei den Händen, tanzten die Hora und sangen voll Leidenschaft. Hunderte von Truppen wurden eiligst an Bord geschickt. Die Soldaten rannten die Stufen zu den Frachträumen hinunter und drängten die Flüchtlinge mit Knüppeln und Schläuchen an die Wände. Sie bildeten eine Kette und beförderten so die Menschen die rutschigen Stufen hinauf, über das Deck und die Gangway zum Kai hinunter. Einige wurden mit Gummiknüppeln geschlagen, andere getreten, an den Haaren gezogen und wie Baumstämme hinuntergerollt.

Auf dem Kai spielten die Briten populären amerikanischen Jazz, um die Schreie zu übertönen. Einer der Flüchtlinge, der die Gangway hinuntergezerrt wurde, schrie gegen die Musik an: »Sie werden uns nicht von unserer Heimat fernhalten.« Ein anderer sagte einfach nur: »Wir sind zurückgekehrt. Wir sind nach Auschwitz und Bergen-Belsen zurückgekehrt.«

Die Luft hatte einen bekannten Geruch. Ein junger Mann mit blutüberströmten Gesicht ging langsam von Bord. Er versuchte, sich das Hemd auszuziehen, um den Korrespondenten seinen Körper zu zeigen, doch fünf Soldaten stürzten sich auf ihn und zerrten ihn zu dem Zug, der am Pier wartete. Die Flüchtlinge wurden in alte, hölzerne Dritte-Klasse-Waggons geladen, die aus dem Hafen ratterten und 25 Kilometer über Land nach Poppendorf fuhren. Auf dem Bahnhof schauten Deutsche durch den Stacheldraht zu, wie die Juden in Lastwagen getrieben und einen knappen Kilometer weiter zum Gefangenenlager gefahren wurden.

Am Dienstag um sechs Uhr machte die *Empire Rival* am Dock fest, und zur Überraschung der Briten eilten die Menschen ohne Widerstand von Bord. Dov Miller aus Brooklyn half dabei, die Menschen schnell von Bord zu bringen. Später wurde im Inneren des Schiffs eine selbstgebastelte Bombe entdeckt. Die Briten ließen sie im Zentrum des verlassenen Hamburger Kasernenhofs detonieren.

Um zehn Uhr wurde die *Runnymede Park* am Dock festgezurrt. Eine halbe Stunde lang sah man keinen einzigen Flüchtling an Deck. Um zehn Uhr dreißig schrie eine Lautsprecherstimme einen Befehl auf hebräisch, jiddisch, französisch und ungarisch heraus, der besagte, daß die Flüchtlinge friedlich von Bord gehen sollten, da britische Truppen sie sonst gewaltsam holen würden. Die Flüchtlinge antworteten, indem sie auf hebräisch zu singen begannen: »Tekhezakna« (Seid stark).

Die Briten trugen sechs Tragen an Land. Einige Kranke, ein altes Ehepaar und fünf Kinder folgten langsam. Hinter ihnen zeigte sich gähnende Leere.

Nun gaben die Briten den Menschen anderthalb Stunden Zeit, auf das Ultimatum einzugehen. 300 Soldaten, MPs und Angehörige der Sherwood Foresters befanden sich in Alarmbereitschaft. Sie trugen Stahlhelme, Schutzschilde für die Augen, Armmanschetten aus Gummi und Schlagknüppel aus Holz.

Um zwölf Uhr fünfzehn gingen die Truppen an Bord. Um zwölf Uhr fünfundvierzig steckten fünf Feuerwehrmänner dicke Wasserschläuche durch die Gitter in die Frachträume und bespritzten die Flüchtlinge mit Wasser. Schreie des Widerstands drangen aus den Frachträumen. Die Stimmen singender Menschen erklangen bis zum Dock.

Zehn Minuten später wurde das Wasser erneut aufgedreht, und man zerrte die ersten Widerständler die Gangway hinunter. Blasse Frauen mit Babys, Kinder und alte Männer gingen von Bord, manche starrten die Truppen haßerfüllt an, manche wandten die Augen ab, als ob schon der Anblick der Truppen sie mit Abscheu erfüllte.

Nun begannen die Soldaten, die Kämpfer von Bord zu tragen. Sechs oder acht Soldaten trugen je einen Mann oder eine Frau, wobei sie ihre Arme und Beine weit ausgebreitet hielten. Wenn die Soldaten ausrutschten, rissen sie die Menschen auf der rutschigen Gangway mit sich.

Sara Wiener, die Arbeitslager, Todeslager und den Todesmarsch überlebt hatte, wickelte sich in eine Flagge Zions und blickte zur Küste. »Als ich all das Grün sah«, schrieb sie mir später, »all diese Sauberkeit und Schönheit, habe ich zum ersten Mal während der gesamten Reise geweint. Ich beschloß, nicht freiwillig von Bord zu gehen, ganz egal, was geschehen würde. Genau zur richtigen Zeit legte ich mich auf den Boden und bewegte mich nicht. Die Soldaten rannten die Stufen herunter und begannen herumzukommandieren und die Leute nach draußen zu schubsen. Wer sich weigerte, wurde gewaltsam weggezerrt, manche von ihnen wurden sogar geschlagen. Als sie auf mich zukamen, begann ich zu schreien: ›Ich gehe nicht von Bord. Ich will nie mehr deutschen Boden betreten.‹ Die Soldaten zogen mich an Deck. Ich ging zwischen zwei Reihen Soldaten entlang, schrie und schlug sie. Niemand hat zurückgeschlagen.«

Um ein Uhr hörte man ein Raunen entlang des Schiffs. Fünf britische Soldaten zerrten einen Flüchtling über Deck, der sich verzweifelt wehrte. Sein Gesicht war blutüberströmt, Kleidung und Körper waren ebenfalls voll Blut und Wasser. Der Flüchtling war Mordecai Rosman. Die Briten setzten ihn nicht in den Zug, sondern übergaben ihn den MPs, damit er und 29 weitere Verletzte ins Krankenhaus gebracht werden konnten.

Das Geräusch aus den Frachträumen war nur zu gut bekannt, es war das Geräusch von Holzknüppeln, mit denen Schädel gebrochen wurden. 24 Flüchtlinge, sieben davon Frauen, wurden ernstlich verletzt. 13 wurden ins Krankenhaus gebracht. Elf wurden als Anführer verhaftet. Man setzte die Menschen in Züge und brachte sie in zwei deutsche Gefangenenlager, nach Poppendorf und Am Stau bei Lübeck. Auch dieser Anblick war nur zu gut bekannt – Juden in Zellen, während Deutsche mit einem Grinsen auf und ab gingen.

Einen Monat lang versuchten die Briten, die Menschen zu registrieren, ihre Namen herauszufinden und sie an die Orte zurückzuschicken, von denen sie ihren langen Exodus begonnen hatten. Doch die Menschen weigerten sich, den Briten irgendwelche Informationen zu geben. Sie hatten nur eine einzige Antwort, ein Wort für all die Fragen.

»Woher kommen Sie?«
»Palästina.«
»Wie ist Ihr Name?«
»Palästina.«
»Aus welchem Land stammen Sie?«
»Palästina.«

Da wurden die Briten wütend: »Sie werden nicht nur nicht nach Palästina gehen«, erklärten sie den Leuten von der *Exodus*, »sondern sollten Sie einmal legal auf der Einreiseliste stehen, werden wir dafür sorgen, daß Sie als letzte gehen.«

Die Juden hatten nur eine Antwort.

»Palästina.«

Epilog

Die Briten brachten die Menschen in Winterlager, nach Emden, Wilhelmshaven und Poppendorf. Hier erlaubte man ihnen, so wie alle DPs in der britischen Zone zu leben. Doch gewährte man ihnen als zusätzliche Bestrafung nicht die Nahrungsrationen für DPs, sondern nur diejenigen, die den Deutschen zustanden.

Die Zahlen in den zwei neuen Lagern blieben offensichtlich konstant, und so nahmen die Briten an, die Menschen würden sich tatsächlich auf den Winter in Deutschland einrichten. Aber die Leute von der *Exodus* waren immer noch auf ihrem Marsch, und nichts konnte sie stoppen.

Sie wurden von den Männern und Frauen des Palmach und des Paljam angeführt, die mit ihnen, als Flüchtlinge getarnt, auf den Gefangenenschiffen gereist waren. Einer färbte sein Haar rot: Dov Miller aus Brooklyn gab vor, ein Krüppel zu sein, und wickelte sich übel riechende Windeln um, wußte er doch, daß die peniblen britischen Soldaten so nicht in seine Nähe kämen. Waisen, die angeblich krank waren, wurden von den Anführern ihrer Gruppen in Ambulanzwagen gebracht und nach draußen geschmuggelt. Andere entkamen auf Lastern, die von getarnten Hagana-Männern gefahren wurden. DPs aus anderen Lagern gelangten in jene Lager, in denen sich die Juden von der *Exodus* befanden, und nahmen die Plätze der Geflüchteten ein. So bemerkten die Briten nicht, daß ihre Gefangenen nach und nach entkamen.

In kleinen Gruppen krochen sie aus den britischen Gefangenenlagern und zogen erneut zu den geheimen Häfen in Italien und Frankreich, kletterten auf die Hagana-Schiffe und unternahmen die ganze illegale Seereise ein zweites Mal. Sie wußten, daß dieser Weg vielleicht nach Zypern führen würde, wußten, daß sie vielleicht ebenso getötet würden wie Bill Bernstein, Hirsch Yakubovich und Mordecai Baumstein, wußten, daß die Briten sie vielleicht sogar nach Deutschland zurückschicken würden, aber sie wußten auch, daß die Briten sie nicht zerbrechen konnten. Alle *Exodus*-Flüchtlinge erhielten von der Hagana ein besonderes Zertifikat, das sie als *Exodus*-Flüchtlinge auswies und ihnen bestimmte Privilegien zusicherte sowie das Recht auf eine vorgezogene Fahrt nach Palästina.

Innerhalb weniger Monate hatte ein Großteil der Menschen von der *Exodus* die britische Besatzungszone in Deutschland wieder verlassen und die britische Blockade vor Haifa erfolgreich durchbrochen. So waren sie am 15. Mai 1948 in Israel, als ihre Nation geboren wurde.

Sie wurden Israels Soldaten, Arbeiter und Landwirte. Einige der Mädchen wurden Offiziere im weiblichen Heer. Ein junges Ehepaar, das beinah sofort, nachdem es israelischen Boden betreten hatte, in die Armee eingetreten war, war umgekommen. Mordecai Rosman wurde ein hoher Offizier und kämpfte in der Schlacht von Negev. Die Menschen von der *Exodus* waren nach Hause gekommen.

Nachwort

Die Fahrt der *Exodus 1947* hat das Leben vieler amerikanischer Crew-Mitglieder, der Mitglieder der Hagana und auch das von uns allen, die wir in die Geschehnisse verwickelt waren, für immer verändert.

Das Schiff wurde in Modellen nachgebildet, Artefakte und Gedenktafeln befinden sich heute in der *Smithsonian Institution* in Washington D.C., im *Clandestine Immigration and Naval Museum* in Haifa sowie im *Mariners' Museum* in Newport News im US-Bundesstaat Virginia und in der *United States Merchant Marine Academy* in Kings Point im US-Bundesstaat New York.

Wir hatten gehofft, daß die *Exodus* selbst zu einem Museum werden könnte. Doch unglücklicherweise verbrannte sie am 26. August 1952, als ein Arbeiter bei dem Versuch, die *Exodus* unsterblich zu machen, sie versehentlich in Brand setzte. Ihr Wrack liegt nun vor Shemen Beach bei Haifa.

Danksagung

»Fotografieren Sie mit Ihrem Herzen«, hatte Edward Steichen mir einst gesagt. Und ich glaube, eine andere Möglichkeit, diese Menschen zu fotografieren, gab es gar nicht, so wie es auch keine andere Möglichkeit gab, ihre Geschichte zu erzählen.

Für die Erlaubnis, jene Passagen der Geschichte nachzudrucken, die erstmals auf deren Seiten erschienen sind, danke ich der *New York Herald Tribune*, der *New York Post*, *The New Republic*, *Collier's* und dem Magazin *Life*. Außerdem danke ich den Herausgebern der Bücher *The Aftermath: Europe* (in der Reihe *Time-Life World War II* erschienen) und des zweibändigen *Jewish Women in America: An Historical Encyclopedia*.

Mein Dank gilt Rabbi Marvin Hier und Richard Trank vom Simon Wiesenthal Center für die kreative Verwendung vieler der von mir gemachten Fotos in ihrer Dokumentation *The Long Way Home*, die 1998 mit einem Oscar ausgezeichnet wurde.

Zutiefst dankbar bin ich auch Steven Spielberg und Mitgliedern seiner *Survivors of the Shoa Visual History Foundation*, insbesondere Michael Berenbaum, Michael Engel und Daisy Miller in Los Angeles, für ihre Hilfe bei der Suche nach mehreren ehemaligen Passagieren von der *Exodus 1947*, deren Geschichten ich dieser neuen Ausgabe hinzugefügt habe.

Ich finde kaum die geeigneten Worte, um Sharon Muller, der Foto-Archivarin des *United States Holocaust Memorial Museum* in Washington D.C., und ihrer Mitarbeiterin Lauren Apter meine

Anerkennung auszusprechen für ihr Geschick und die wochenlange Arbeit bei der Zusammenstellung von über 1.000 Negativen, die ich in jenem Zeitraum von 1946 bis 1947 gemacht habe, und für die Verwahrung in säurefreien Alben, so daß die Fotos wohl noch weitere 50 Jahre überdauern werden. Die Fotos sind inzwischen ein fester Bestandteil der Dauerausstellung im Holocaust Museum in Washington geworden.

Ich möchte Bob Gilson, dem Direktor der *School of the Arts of the 92nd Street* in New York, für seine meisterliche Präsentation der Fotos danken, die im Rahmen einer Ausstellung stattfand. In einem Brief an mich schrieb er: »Ich hoffe, ich maße mir nicht zuviel an, wenn ich Sie nachdrücklich darum bitte, dieses Werk mit anderen zu teilen. Indem Sie Ihre Fotografien (vor allem) Museen zur Verfügung stellen, sorgen Sie dafür, daß zukünftige Generationen die Opfer des Holocaust niemals vergessen werden.«

Die Geschichte wurde 1948 zuerst vom Magazin *The New Yorker* gekauft und von dem unvergleichlichen William Shawn redigiert. Doch der Besitzer von *The New Yorker* lehnte sie mit der Erklärung ab, sie sei »zu jüdisch«. Shawn telefonierte mit Bruce Bliven, dem Herausgeber von *The New Republic*, der sie unbesehen kaufte und in drei Wochenausgaben ungekürzt veröffentlichte.

Tiefen Dank schulde ich Dr. David Altshuler, dem Direktor des *Museum of Jewish Heritage: A Living Memorial to the Holocaust* in New York, Patti Kenner, einem Kuratoriumsmitglied des Museums sowie Ann Oster, einem weiteren Mitglied, die ihre eigene Museumsausgabe des Buchs 1998 anläßlich des 50. Jahrestags der Staatsgründung Israels nachdrucken ließen. Zu ihrem alljährlichen Frühjahrs-Lunch überreichten sie das Buch 500 Frauen und Männern, unter denen viele Überlebende des Holocaust waren.

Mein besonderer Dank gilt Nancy Fisher, Museumspädagogin des *Museum of Jewish Heritage*, für ihre Unterstützung bei den Fotos sowie für ihr Geschick und ihre unermüdlichen Recherchen für die Shoah Foundation: Sie hat nicht nur meine Familie und mich interviewt, sondern auch mit mehreren Oswego-Flüchtlingen gesprochen – ein Projekt mündlich überlieferter Geschichte, das zu einer herzlichen Freundschaft führte.

Tiefen Dank empfinde ich gegenüber meinen Kollegen in der *American Society of Journalists and Authors*, die mich 1998 mit ihrem Lifetime Achievement Award auszeichneten, und zwar als »eine wegbereitende Journalistin und Autorin, die in ihren Büchern die wichtigsten Ereignisse des 20. Jahrhunderts aufgezeichnet hat«.

Mein Dank gilt auch vielen Mitgliedern der amerikanischen Crew von der *Exodus*, die mir einen Teil ihrer Zeit schenkten und ihre Erinnerungen mit mir durchlebten, insbesondere Bernard Marks, Cyril Weinstein, Nat Nadler und Eli Kalm.

Tiefen Dank empfinde ich gegenüber den Passagieren der *Exodus*, insbesondere Uri Urmacher, Bracha Rachmilewitz, Sara Wiener und ihrem Ehemann Chanina Kam sowie Erika Klein, die mir erzählten, wie sie auf die *Exodus* gelangten und was sie aus ihrem späteren Leben gemacht haben.

Ich danke meinem Agenten Peter Sawyer für seine Gewissenhaftigkeit und seine Umsicht, mit der er meine Interessen stets aufs Beste vertreten hat, und seinem liebenswürdigen Chef Fifi Oscard. Für ihre Hilfe bei der Redaktion danke ich Dan Levin und Helene B. Weintraub, für ihre Hilfe bei den Fotoausstellungen bedanke ich mich bei Joan Roth, Joan Schiff und Charlotte London. Und für ihr feines Gespür beim Abzug der Negative meiner Fotografien möchte ich Peter Goldberg und dem verstorbenen Sidney Stern danken. Bei der *Mark Gruber Gallery* in New Pfalz im US-Bundesstaat New York bedanke ich mich für die Rahmung der Fotos für die Wanderausstellungen. Für ihre Fähigkeit, so schnell zu tippen, wie ich nur diktieren konnte, danke ich schließlich meinen drei Assistentinnen: Diana Pollich, Aviva Goldish und Idra Rosenberg.

Bei Times Books erfuhr ich mehr Wärme und Anerkennung als bei irgendeinem anderen Verlag. Zuallererst möchte ich meinem Lektor meinen tiefempfundenen Dank aussprechen – Philip Turner, den ich zu jeder Tageszeit anrufen konnte, der an diesem Buch arbeitete, als wäre es sein eigenes, der Stunden damit zubrachte, mir bei der Auswahl der Fotos zu helfen, und der jedes Mal, wenn ich mich an einen weiteren Vorfall erinnerte, einfach sagte: »Nehmen Sie das hinein. Es ist großartig.« Kein Lektor, mit dem ich je zusammengearbeitet habe, begegnete mir mit so viel Einfühlungsvermögen und Verständnis.

Auch anderen Mitarbeitern von Times Books schulde ich besonderen Dank: Heidi North für ihre eindringliche Umschlaggestaltung; Kyle Gallup für ihre inspirierte Umschlag-Collage; Diana Donovan, der Redakteurin, und Sybil Pincus, der Herstellungsleiterin, deren beider Genauigkeit wirklich außergewöhnlich war; Naomi Osnos, die zusammen mit Helene Berinsky die Gestaltung überprüfte und mir erzählte, wie sie und Helene die Fotos oft beiseite legten, weil sie weinen mußten; Adriana Coada für ihren kunstvollen Abdruck der Fotos, die mir ebenfalls erzählte, daß sie, wie Naomi und Helene, oft zu lesen aufhören mußte, da sie vor lauter Tränen gar nichts mehr sehen konnte; sowie Lisa Schneider, der Assistentin Philip Turners, die mir dabei half, Briefe an die im Buch erwähnten Menschen zu schicken, und zwar mit der Bitte, die historische Genauigkeit meiner Aussagen zu bestätigten. Ich tat dies sowohl um ihretwillen als auch um meinetwillen und auch um der Geschichte willen, so daß wir uns alle sicher sein können, daß ich die Wahrheit berichtet habe.

Bildverzeichnis

Die DP-Lager in Europa

S. 21	Ruth Gruber in Uniform
S. 23	Offiziere des US-Militärs, Ruth Gruber und Dr. James G. McDonald
S. 24	Bartley C. Crum
S. 25	Das DP-Lager in Zeilsheim
S. 26	Transparente im DP-Lager
S. 27	Männer im DP-Lager Neu-Freimann bei München
S. 28	Waisenkinder im DP-Lager Leipheim
S. 29	Waisenkinder im DP-Lager Kloster Indersdorf
S. 30	Zwei Kinder im DP-Lager Zeilsheim
S. 33	Ruth Gruber im DP-Lager bei Bad Reichenhall
S. 35	Das zerstörte München
S. 36	Ein Vater mit seinem Sohn im zerbombten München
S. 36	Eine Frau in den Trümmern von München
S. 37	München in der Dämmerung
S. 43	Reba Horowitz und Ruth Gruber in Neu-Jerusalem
S. 44	Dr. Chaim Weizmann und David Horowitz, umgeben von Vertretern der jüdischen und arabischen Führung
S. 45	David Ben Gurion spricht vor dem Komitee
S. 47	Arabische Wachposten heißen Ruth Gruber an der Grenze des neuen Haschemitischen Königreichs Jordanien willkommen
S. 52	Eine Flüchtlingsmutter wartet mit ihren Kindern und anderen DPs vor dem Rothschild-Krankenhaus in Wien auf das Mittagessen
S. 52	Angst verzerrt das Gesicht der Flüchtlingsmutter
S. 53	Neuankömmlinge im DP-Lager des Wiener Rothschild-Krankenhauses

S. 54	Mutter und Kind liegen wartend vor dem Lager
S. 54	Eine lächelnde Mutter mit ihrem Kind
S. 55	Wasser zum Trinken, zum Kochen und Baden und für die Wäsche
S. 56	DPs singen »Hatikva« – das Lied der Hoffnung

Haifa

S. 63	Major Cardozo, Meister der Puppenspieler, auf dem Pier in Haifa
S. 66	Die *Exodus 1947* fährt in den Hafen von Haifa ein
S. 67	Die schwer beschädigte *Exodus 1947* im Hafen von Haifa
S. 69	Das zerstörte Deck der *Exodus 1947*
S. 71	Die *Ocean Vigour*
S. 72	Britische Sanitäter helfen den Verletzten, die noch laufen können
S. 73	Zwei Männer stützen einen verletzten Flüchtling
S. 74	Mordecai Rosman (ganz links) auf der *Exodus*
S. 75	Die Flüchtlinge gehen an Land
S. 76	Eine Gruppe junger ungarischer Mädchen
S. 77	Jüngere Kinder auf dem Dock in Haifa
S. 78	Britische Soldaten trösten die Kinder
S. 79	Eine Gruppe Jungendlicher geht von Bord
S. 81	Die irdischen Güter der DPs stapeln sich am Pier
S. 101	Ausweispapiere für Sara Wiener und Chanina Kam

Zypern

S. 122	Flüchtlinge von früheren Schiffen in einem DP-Lager auf Zypern
S. 123	Ein Wachturm auf Zypern – Architektur der Todeslager
S. 124	Schmucklose Hütten und Begrenzungspfähle wie im Konzentrationslager
S. 125	Flüchtlingszelte auf Zypern
S. 126	Ein britischer Laster bringt Wasser
S. 127	Durstige DPs drängen sich um den Wassertank
S. 128	Jugendlicher auf einem leeren Wassertank

S. 130	Flüchtlingsunterkünfte
S. 131	Eine junge Frau im Lager führt Tagebuch
S. 133	Glückliche Flüchtlinge aus den Lagern in Zypern auf dem Weg nach Palästina
S. 134	Eine Hebamme mit einem Neugeborenen in Nicosia
S. 135	Eine Mutter mit ihrem Neugeborenen
S. 135	Ein Vater auf Zypern baut eine Wiege
S. 136	Drei Frauen mit ihren neugeborenen Babys
S. 137	Die Beschneidung zweier Babys
S. 139	Die Überführung oder auch »Warschauer Ghettobrücke«
S. 140	Graviertes Wandbild mit Auschwitz als Motiv
S. 140	Ein Kind auf einem Spielzeugpferd
S. 141	Eine Kunstausstellung im Wüstensand
S. 142	Ein Mann an einer Nähmaschine
S. 142	Selbstgebasteltes Bügeleisen und Bügelbrett
S. 143	Eine Nachrichtensendung auf Zypern
S. 144	Zwei kleine Mädchen in Kleidern, die das Joint gesammelt hat
S. 145	Lachende Kinder posieren für die Kamera, während ihre Eltern sich um Wasser bemühen
S. 147	Eine Talmud-Stunde auf Zypern

Port-de-Bouc

S. 157	Das Boot, mit dem Ruth Gruber zur *Runnymede Park* hinausfährt
S. 159	Die *Runnymede Park* liegt in Frankreich vor Anker
S. 191	An Deck der *Runnymede Park*: DPs haben ein Hakenkreuz gemalt
S. 192	Der Frachtraum des Schiffs erinnert an ein Gefängnis
S. 193	Flüchtlinge, zusammengepfercht im Frachtraum
S. 195	Mutter und Kind im Frachtraum
S. 196	Eine Flüchtlingsmutter im Frachtraum hält ihr Kind vor die Kamera
S. 197	Das heiße Sonnenlicht fällt in den Frachtraum
S. 199	Die Kleider der DPs hängen an der Decke des Frachtraums
S. 201	Männer und Kinder im Halbdunkel
S. 203	Junge Menschen an Deck verabschieden sich von Ruth Gruber

Was vom Kriege übrig blieb ...

Roman Haller
Davidstern und Lederhose
Eine Kindheit in der
Nachkriegszeit
128 Seiten.
30 Abbildungen. Gebunden.
€ 14,90 / sFr 29,80
ISBN 3-85842-413-7

Ganz zufällig hat es Ida und Lazar Haller und ihren einjährigen Sohn Roman nach dem Krieg nach München verschlagen, eigentlich nur, weil von hier aus die ersehnte Abreise in die Vereinigten Staaten möglich war.
Und ehe man sich versah, waren einige Jahre vergangen und man war immer noch in Deutschland. So wächst der kleine Roman in München auf, inmitten einer Schar anderer ostjüdischer Familien, denen es ähnlich ergangen war. Unmittelbar nach dem Krieg entsteht in München eine Art jüdisches Schtetl.
Man feiert gemeinsam Schabbat oder trifft sich im Café Maxburg. Bald wird die Synagoge wieder eingeweiht. Unvergessen bleibt Moses Lustig mit seinen »Münchner Jüdischen Nachrichten«, der, wo immer man ihn traf, seinen Bleistift zückte, um Anzeigen oder Reklamationen aufzunehmen. Oder der stadtbekannte Schneider, Beitscher, der Franzojs, zu dessen berühmtesten Kunden der ungarische Fußballnationalspieler Puskas zählte.
Roman Haller gelingt es, in kurzen Geschichten voller Charme und Humor die Atmosphäre dieser Jahre einzufangen. So wird die Zeit nach dem Krieg, als langsam die Normalität wieder einkehrte und doch alles ganz anders war als zuvor, wieder lebendig.

Ein humorvoller Bericht über die frühen Nachkriegsjahre.

Pendo
www.pendo.ch

Forchstraße 40 CH-8032 Zürich
Fon 0041/1/389 70-30
Fax 0041/1/389 70-35

Das Grundlagenwerk über das System des NS-Terrors

Karin Orth
Das System der nationalsozialistischen Konzentrationslager
400 Seiten.
Broschiert.
€ 12,90 / sFr 24,90
ISBN 3-85842-450-1

Auschwitz – dieser Name ist zum Symbol der nationalsozialistischen Konzentrationslager geworden. Doch wem ist bewußt, daß sich dahinter nicht nur ein Lager, sondern ein riesiges Lagersystem verbarg, das aus drei Lagerbereichen und über 40 Außenlagern bestand? Wer entschied, dieses – oder eines der anderen 21 Konzentrationslager – zu errichten, wer legte fest, wie es aufgebaut sein und welcher Funktion es zugewiesen werden sollte? Diesen Fragen geht Karin Orth in ihrer fundierten Darstellung nach. Sie beschreibt, wie die nationalsozialistischen Konzentrationslager entstanden und wie ihre aufwendige Verwaltung organisiert wurde. Und sie fragt nach dem Zweck, den diese einzelnen Lager zu erfüllen hatten, und wie sich dieser Zweck im Laufe des Krieges änderte.
Der Blick der Autorin richtet sich auf die Täter: auf die SS-Führung und ihre Helfer. Sie wertet neues Quellenmaterial aus und faßt den aktuellen stand der Forschung zusammen. Damit legt sie ein wichtiges Überblickswerk zur Geschichte der nationalsozialistischen Konzentrationslager vor.

pendo
www.pendo.ch

Forchstraße 40 CH - 8032 Zürich
Fon 0041/1/389 70-30
Fax 0041/1/389 70-35